新编法语应用文写作

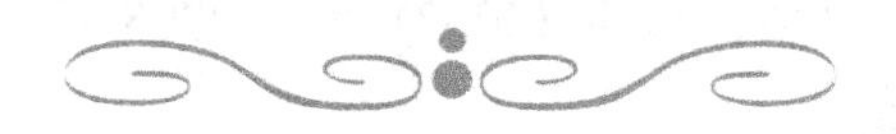

杨明丽　丛　莉　编著

图书在版编目 (CIP) 数据

新编法语应用文写作 / 杨明丽，丛莉编著．—北京：北京大学出版社，2010.10

(21 世纪法语系列教材)

ISBN 978-7-301-12219-8

Ⅰ．新…　Ⅱ．①杨…②丛…　Ⅲ．法语—应用文—写作—教材　Ⅳ．H325

中国版本图书馆 CIP 数据核字 (2007) 第 080708 号

书　　　名：新编法语应用文写作
著作责任者：杨明丽　丛　莉　编著
责 任 编 辑：初艳红
标 准 书 号：ISBN 978-7-301-12219-8/H・1775
出 版 发 行：北京大学出版社
地　　　址：北京市海淀区成府路 205 号　100871
网　　　址：http://www.pup.cn　新浪官方微博：@ 北京大学出版社
电　　　话：邮购部 62752015　发行部 62750672
　　　　　　编辑部 62759634　出版部 62756370
电 子 邮 箱：编辑部 pupwaiwen@pup.cn　　总编室 zpup@pup.cn
印　刷　者：北京虎彩文化传播有限公司
经　销　者：新华书店
　　　　　　650 毫米 ×980 毫米　16 开　14.75 印张　254 千字
　　　　　　2010 年 10 月第 1 版　2023 年 8 月第 8 次印刷
定　　　价：39.00 元

前　言

随着中国对外开放的不断深入，已经走出国门或希望到法国或讲法语的国家去学习、工作甚至定居的人越来越多，申请到这些国家驻中国机构工作的人也不断增加，而各单位、机构及个人与法国及讲法语国家进行的各种交流亦日益频繁。他们都免不了要通过传统法文书信或电子邮件与之进行书面沟通、联系、咨询及问候。但由于法文水平有限，或不了解书写法文书信的基本规则及用语，因此在撰写法文书信时常常会碰到一些困难，甚至闹出一些笑话。然而综观国内图书市场，这类参考书籍却很少。作为法语教师，也常常会碰到学生拿着他们所写的法文求职、求学等书信前来求教。因此我们从对外交往的实际出发，为方便大家正确书写法文书信，编写了这部《新编法语应用文写作》。本书共分五个章节，通过精心编著的应用文范例，分别向大家介绍一般社交书信、各类行政函件及一般商业文书的书写基本规则及用语，并针对大家求职、求学所需，提供该类应用文的实用语式及必要的常识。为方便大家理解并运用，所举范例均有中文参考译文。

由于编者水平有限，加之时间仓促，书中定有一些不妥之处，望使用者批评指正。

北京大学法语外教Jean-Claude MUSSIER 对本书的法语文字进行了审校，责任编辑初艳红为本书的出版给予了大力支持与帮助，对他们的辛勤付出表示感谢。

编者

2010年2月

Table des Matières 目录

第四章 商业书信 137

第五章 一般社交书信 178

法语信函

信封的正确书写：

Mademoiselle Sylvia MEDIANI

95, rue du Chevaleret

75013 Paris

FRANCE（法国）

◆如果是在法国境内的通信，可以省略国名。

◆收信人称呼要写全：Monsieur, Madame, Mademoiselle; 而不要写成M , Mme, Mlle。

◆给有身份的人写公函，要写上其身份，如：
Monsieur le Directeur, Madame la Directrice, Monsieur le Président...

◆如果收信人更换了新地址，而你只知道旧地址，那就在写上旧地址的同时，在信封的一角加注：
Prière de faire suivre 或 Faire suivre S.V. P. (s’il vous plaît)

◆如果收信人住在别人家里，则在信封上写上：

Mademoiselle Sylvia MEDIANI
Chez Madame Marie KOUCK
31, Avenue Cambetta
75020 Paris

◆如果你不知道收信人具体地址，需要请你认识的人转交时，请写：

Mademoiselle Sylvia MEDIANI
Aux bons soins de Monsieur Jacques LEGRAND
23, rue de Charonne
75011 Paris

◆给已婚夫妇写信，信封上应写：Monsieur et Madame + prénom du mari et du nom。

◆寄信人的姓名、地址一般写在信封的背面。

书信的基本格式及常用语，我们将结合下面要介绍的行政、商业书信等分别给予介绍。

第一章 行政类书信

在我们的日常生活当中，免不了要通过书信和各级各类行政机构打交道以便获（索）取各种信息、资料，办理各种手续、事项，邮寄各种资料、证明等。有些事情在中国当面说一下或一个电话就可以解决，但在国外尤其是在法国，或是当你和法国人打交道时，则必须要有文字的东西，以便日后出问题时有据可查，“口说无凭”嘛。

虽然现代各种通讯手段已经非常发达，人们可以通过电子邮件、传真等进行交往，但无论书写电子邮件或传真等也须遵循普通书信的书写规则及用语，所以掌握其基本规则及常用语仍是一件重要的事情。

本书行政类书信篇主要介绍两部分的内容：一是个人在法国生活如何与有关部门书信往来，咨询、办理有关事项；二是在国内如何与（法国）有关部门（用法语）书信联系，了解、咨询有关情况。

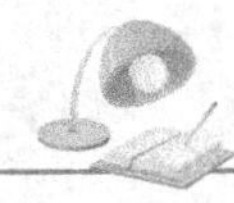

行政类书信注意事项

1. 信纸一般要用白纸（21cm×29.7cm或21cm×27cm），不要使用中国人写信惯用的横格纸。

2. 在信纸的左上方写上写信人的姓名、地址、邮编，可能的话可写上电话或电子邮件信箱，以方便联系。

3. 右上方写上写信日期及所在城市名称。（日期下方可写收信人姓名、地址。官方信件或商务信件，这一点很重要。）

4. 要留有空白，左边可留的大一些。

5. 如果是写给重要人士的信件，其开头称呼要尽量靠信纸中间写。

6. 重要信件应留有备份。

7. 为了使收信人对信的主要内容一目了然，可以标注“事由”（objet）。

8. 如果写信时忘记提及某件事，可在署名以后加上字母：P.S（post-scriptum），然后再写上要说的事情。

行政类书信基本格式

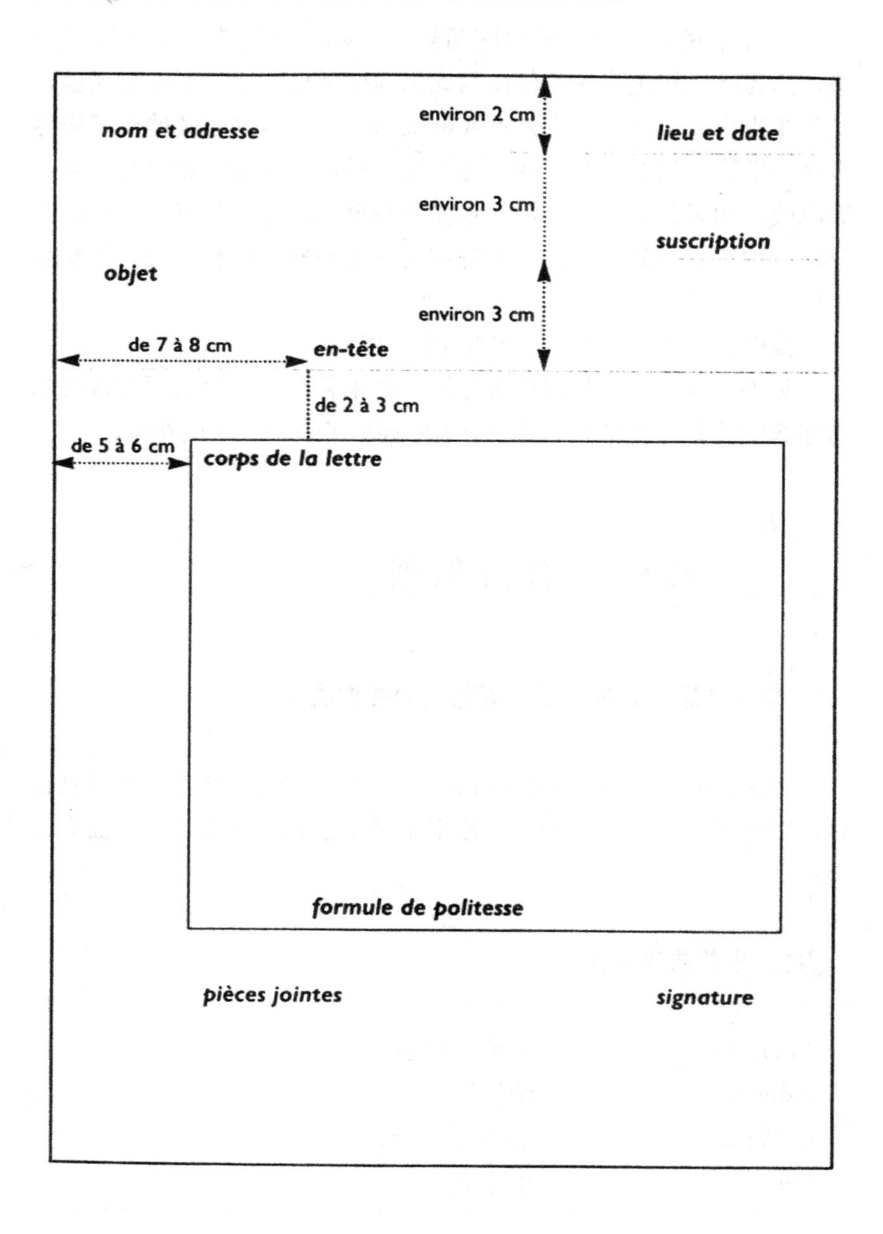

environ 2 cm
nom et adresse
lieu et date
environ 3 cm
suscription
objet
environ 3 cm
de 7 à 8 cm
en-tête
de 2 à 3 cm
de 5 à 6 cm
corps de la lettre
formule de politesse
pièces jointes
signature

正文须知

一般来说，行政类信件应简短、明确。叙述事情要尽可能准确，因为是比较正式的信件，因此用词要掌握分寸，要注意礼貌，尤其是提出某个要求时千万不要咄咄逼人。在电脑普及的今天应尽量避免手写，如果没有条件只能手写的话，一定要注意书写工整，无涂改。如果是打印信件，一定要手写署名。可随信寄去各种所需材料，注意只寄复印件，千万别在信中寄原件，以免丢失。要留备用件。

信件开头直入主题，不需要无谓的客套。

另外，如何正确使用信首称谓、信末礼貌用语对书写行政类书信亦非常重要，我们在附录中给大家列举了一个表格供参考。

行政类书信范例

1.1 与（法国）邮电、银行等部门的书信往来

在法国生活，少不了要与银行、邮电等部门打交道，尤其是银行，因此了解一些基本的书信往来用语及格式非常重要。下面介绍几例：

例1 更新邮政地址

Prénom Nom （发信人姓名）
Adresse （地址）
CP Ville （ 所在城市及邮编）
Tel : （电话）

Email :　　　　　　（电子邮件）

Ville/ jour/ mois/ année
（落款城市及日期）

Suscription （信封上的地址）

Objet : Nouvelle adresse postale
（事由：更新邮政地址）

Monsieur,

Par la présente je vous fais part de mes nouvelles coordonnées postales. Anciennement, je résidais au 31, Avenue Cambetta 75020 Paris.

A compter du 1er janvier 2007, je vous prie de bien vouloir noter que mes courriers (journaux et revues) devront m'être adressés au :

95, rue du Chevaleret
75013 Paris

En vous remerciant de bien vouloir procéder à cette modification au sein de vos fichiers, je vous prie d'agréer, Monsieur, mes sincères salutations.

Signature

参考译文

先生：

我谨通过此信向您告知我的新邮政信箱。此前我居住在巴黎20区甘必大大街31号，邮编：75020。

自2007年1月1日起，烦请将我的信件（报纸、杂志）送抵巴黎13区，谢瓦勒亥大街95号，邮编：75013。

请将此变更记录在案，谨致谢意。

署名

◆上面这封信是法式格式，正文每段起首向后缩进几个字母，段落之间可空行也可不空行。如是美式格式，则每段起首不必向后缩进，但段落之间必须空行。如下例：

Prénom Nom （发信人姓名）
Adresse （地址）
CP Ville （所在城市及邮编）
Tel : （电话）
Email : （电子邮件）

Ville / jour / mois / année
（落款城市及日期）

Objet : Nouvelle adresse postale
（事由：更新邮政地址）

Monsieur,

Par la présente je vous fais part de mes nouvelles coordonnées postales. Anciennement, je résidais au 31, Avenue Cambetta 75020 Paris.

A compter du 1er janvier 2007, je vous prie de bien vouloir noter que mes courriers（journaux et revues）devront m'être adressés au :

95, rue du Chevaleret
75013 Paris

En vous remerciant de bien vouloir procéder à cette modification au sein de vos fichiers, je vous prie d'agréer, Monsieur, mes sincères salutations.

Signature

◆注意收信人称呼要写全（Monsieur, Madame, Mademoiselle ; ）不要写成M, Mme, Mlle。

例2　请求核对电话费

Nom, Prénom
Adresse
N° de téléphone（很重要）

Nom et adresse de l'opérateur ou de la SCS
adresse
à (lieu), le (date)

Monsieur,

Ma facture téléphonique pour le mois de juillet 2006 me paraît excessive compte tenu de mes factures habituelles (*ou* : compte tenu que j'étais absent de mon domicile à cette époque).

Aussi, je vous serais reconnaissant de bien vouloir faire vérifier le fonctionnement correct de ma ligne, de porter les résultats à ma connaissance et de me justifier le montant des sommes réclamées.

En vous remerciant à l'avance, je vous prie de croire, Monsieur, à l'assurance de mes sentiments distingués.

Signature

参考译文

先生：

跟平时相比，我2006年7月份的电话费支出很高。（或：我七月份的电话费开支很高，但这期间我并未在家。）

为此，麻烦您检查一下该线路的运转是否正常，然后将检查结果告诉我，并核对我的电话费。

不胜感谢，顺致敬意。

署名

例3 申请延期还贷

Monsieur (Madame),

Le 25 mars 2006, j'ai souscrit auprès de votre établissement un contrat de crédit de (...) euros pour l'achat d'une automobile.

Comme je vous l'ai indiqué par téléphone et dans un précédent courrier, je traverse actuellement des difficultés financières qui me mettent dans l'incapacité provisoire de rembourser mes échéances mensuelles.

Ma demande de report de ces échéances n'ayant pas reçu votre accord, je me vois contraint de m'adresser au juge d'instance pour lui demander une suspension de paiement sur la base de l'article L. 313-12 du Code de la consommation.

Cependant, avant de le saisir, je vous demande de bien vouloir reconsidérer votre position. À cet effet, je vous joins une proposition de réaménagement chiffrée et datée.

Veuillez agréer, Monsieur (Madame), l'expression de ma considération distinguée.

Signature

参考译文

先生（女士）：

2006年3月25日，为购买汽车我与贵方签署了XX欧元的借贷合同。但我目前遇到了一些财政困难，暂时无法按时偿还月供。为此，我曾电话及书信告知过贵方。

我向贵方提出要求延期偿还月供，但未获贵方同意，在这种情况下，我不得不考虑求助司法机构，请他们根据消费法L.313-12条款允许我暂缓付款。

然而，在走司法程序之前，我希望贵方能重新考虑你们的意见。随信附上我的具体还款建议。

先生（女士），请接受我崇高的敬意。

签名

例4 不满银行突然关闭个人账户

Prénom Nom
Adresse
Code Postal Ville
N° de compte（很重要）

Nom de la banque
Adresse
Code Postal Ville

Lieu, Date

Objet : Contestation pour fermeture du compte sans préavis
Lettre recommandée avec accusé de réception

Madame, Monsieur,

Suite au rejet de prélèvements automatiques associé à mon compte, ouvert dans votre établissement, j'ai appris que vous l'aviez clôturé et cela sans m'en informer préalablement.

Or la convention de compte que nous avions signée à l'ouverture de mon compte prévoit que vous respectiez un délai de... (précisez le délai) avant d'effectuer cette opération.

La jurisprudence ayant montré que la clôture d'un compte sans préavis était considérée comme une faute engageant la responsabilité de la banque, je vous demande de bien vouloir me rembourser, le plus rapidement possible, la somme de… euros, correspondant aux pénalités que l'on me réclame à la suite des refus de prélèvements.

Je vous prie d'agréer, Madame, Monsieur, mes salutations distinguées.

Signature

参考译文

写信人姓名
地址，邮编
银行账号（很重要）

银行名称
地址，邮编
写信日期

事由：不满银行突然关闭个人账户
挂号信，收到请回执确认

先生/女士：

由于无法自动提取我在贵行账户上的钱款，我才知道你们已经关闭了我的账户，并且事先没有通知我。

但是根据我在贵行开户时双方所签定的协议，你们在关户前有义务提前……（具体时间）通知我。

根据有关法律，未事先通知就关闭某一银行账户应由银行承担相关责任，因此我请求你们尽快偿还我……欧元，这是因为自动扣款遭拒后，对方对我的罚款。

谨致敬意。

签名

◆在法国，一般收到挂号信后，都要给对方回执。

例5 申请关闭银行账户

Monsieur,

Mes obligations professionnelles me conduisent à modifier ma domiciliation bancaire. Mon compte courant étant actuellement créditeur de... euros, je vous serais reconnaissant de bien vouloir m'envoyer un chèque du même montant, opération à l'issue de laquelle je vous demande de bien vouloir procéder à la clôture de mon compte.

Je tiens à vous signaler que cette demande n'est aucunement la conséquence d'une défaillance que j'aurais pu constater dans vos services, que j'ai pu apprécier durant toute la période où votre établissement a géré mes intérêts.

Vous remerciant par avance, je vous prie de croire, Monsieur, en l'assurance de ma considération distinguée.

Signature

P.S : Ce modèle ne concerne que la clôture d'un compte courant, et pas d'un compte épargne. Si l'auteur de la lettre a déjà ouvert un compte dans une autre banque, on peut demander que le chèque soit envoyé à l'autre banque, en envoyant en annexe le nouveau relevé d'identité bancaire.

参考译文

先生：

因为工作原因，我需要更换银行。目前我的（无利息活期）账户上还有XX欧元，烦请贵行以支票形式将这笔钱汇给我，而后请求关闭该账户。

我在此申明这一请求并非因为不满意贵行的服务，恰恰相反，我非常感谢贵行对我的服务。

不胜感谢，顺致敬意。

署名

◆该格式仅用于关闭无利息活期账户(compte courant)，而非储蓄账户(compte épargne)。如写信人已在别的银行开户，可直接要求将支票汇入新账户，但必须随信寄去新账户开户单。

1.2 与（法国）公共行政部门的书信往来

在书写此类信件前，要了解清楚，你在信中所谈及的事情由何人何部门负责，然后直接上书有关部门或人士，以免目的地不清，信件丢失或延误。如果知道收信人的头衔或职务，可以将其写上。当收信人有多种头衔时，要称呼其最主要或最重要的头衔。如：Monsieur le Ministre， Monsieur le Directeur, Madame la Directrice, Monsieur(Madame) le Maire etc.

a. 要求提供各类证明

此类信件一般应由当事人本人或其亲属提出，当事人姓名、出生日期等要写清楚，并要随信附上已付邮资的信封一枚，以便对方及时准确将有关文件、资料寄给你。

例1 请求开具结婚证明

Eric DURCY

15, Rue Renaudot

75015 Paris

Tel : 01 24 35 46 87

Email : Eric durcy@wanadoo.fr

Paris, le 5 avril 2005

Monsieur le maire de...

Objet : Demande de copie de l'acte de mariage

Monsieur le Maire,

Je vous demande de bien vouloir m'adresser un extrait (ou une copie) d'acte de mariage, au nom de Pierre Durcy : j'ai épousé le 12 mai 2003 mademoiselle Marie Zhou à la mairie du 15e arrondissement.

Vous trouverez ci-joint une enveloppe timbrée libellée à mes nom et adresse.

En vous remerciant par avance, veuillez agréer, Monsieur le Maire, l'assurance de mes sentiments distingués.

Eric Durcy

参考译文

区长先生，

烦请给我寄一份结婚证明，我叫艾利克·迪尔希，我于2003年5月12日在巴黎15区区政府与玛丽·周喜结良缘。

附上写有本人姓名、地址的信封一枚，邮资已付。

不胜感激，并请接受我诚挚的敬意。

艾利克·迪尔希

例2 请求开具出生证明

Adrien GOY
14, rue James LIOYD
44300 Nantes
Tel : 03 40 65 47 90
Email : adriengoy@wanadoo.fr

Nantes, le 23 juin 2004

Objet : Demande de copie de l'acte de naissance

Monsieur le Maire,

Je vous serais très obligé de bien vouloir me faire parvenir une copie de l'acte de naissance de mon fils.

Son nom est Paul GOY, né le 24 octobre 1997 à Nantes.

Vous voudrez bien trouver ci-joint une enveloppe timbrée au nom de Monsieur Adrien GOY, 14, rue James LIOYD 44300 Nantes.

Je vous prie d'agréer, Monsieur le Maire, l'assurance de ma considération distinguée.

Adrien GOY

参考译文

市（区）长先生：

承蒙给我寄一份我儿子的出生证复印件，不胜感激。

我儿子姓名是保尔·古瓦，1997年10月24日生于南特。

附上邮资已付的信封一枚，回信请寄：南特市雅麦思·里瓦德街14号，阿德里安·古瓦收。

市（区）长先生，请接受我真挚的敬意。

阿德里安·古瓦

例3 请求开具死亡证明

Prénom Nom

Adresse

Lieu et date

Monsieur le maire de...

Monsieur le Maire,

J'ai l'honneur de vous demander une copie de l'acte de décès de mon fils : Alain Wang, né le 15 avril 1989 à Lille, décédé le 21 octobre 2006 à Lyon.

Avec tous mes remerciements, veuillez croire, Monsieur le

Maire, à l'assurance de toute ma considération.

Signature

P.J : une enveloppe timbrée à mon adresse.

参考译文

市（区）长先生：

承蒙给我寄一份我儿子的死亡证明复印件，不胜感激。我儿子的姓名是：阿兰·王，1989年4月15日出生在里尔市，2006年10月21日在里昂去世。

市（区）长先生，请接受我崇高的敬意。

署名

附件：已付邮资信封一枚

b. 各类申请

例1 申请加入法国籍

Monsieur le Ministre,

J'ai l'honneur de solliciter de votre bienveillance la faveur d'être naturalisée française.

Née à Shanghaï de la République populaire de Chine, le 12 juin 1977, de parents chinois, j' habite la France depuis 8 ans et j'ai obtenu à Paris III le doctorat de l'inguistique appliquée en 2001. Mariée avec un Français il y a 4 ans, je suis mère d'un enfant de 2 ans.

Dans l'espoir que vous voudrez bien accueillir favorablement ma demande de naturalisation, je vous prie d'agréer, Monsieur le Ministre, l'expression de mon profond respect.

Signature

P.J :

1. La photocopie du titre de séjour.

2. 2 exemplaires de la «demande d'acquisition de la nationalité française».

3. 1 photo d'identité récente.

4. L' acte de naissance de Monsieur X, le mari.

5. l' acte de mariage.

6. L'acte de naissance de l' enfant.

…

参考译文

部长先生：

恳请您为我申请加入法国籍提供方便。

我1977年6月12日出生在中华人民共和国上海市，但我在法国已居住8年，并于2001年获巴黎三大应用语言学博士学位。4年前我与一法国人结婚，现在是一两岁男孩的母亲。

希望您能接受我的入籍要求。部长先生，请接受我深切的敬意。

署名

附件：

1. 居住证复印件
2. 入籍申请两份
3. 本人近照一张
4. 配偶出生证明
5. 结婚证明
6. 子女出生证明

……

◆写此类信件前，要仔细阅读有关文件，看看是否符合条件，注意附全各种必需的材料。

例2　申请开业前的安全检查

Monsieur le Maire,

Les travaux que nous avons entrepris pour installer notre bijouterie seront achevés le 24 mars 2006.

Sachant, comme vous me l'avez signalé en m'adressant le formulaire du permis de construire, qu'une équipe de sécurité doit prendre connaissance de ces locaux avant leur mise à la disposition du public, je vous propose un rendez-vous avec ces spécialistes, le 6 avril 2006, à 10 heures.

Je vous informe que nous comptons ouvrir cette bijouterie le 1er mai 2006.

Veuillez agréer, Monsieur le Maire, l'assurance de ma considération distinguée.

Signature

参考译文

市（区）长先生：

我们首饰店的工程将于2006年3月24日完工。早在您为我办理店铺开工建设手续时，就告知我，须经有关安全小组实地检查后方可对外营业，为此我建议专家们能在2006年4月6日上午10点前来检查。

我们的商店拟于2006年5月1日对外营业。

市长先生，请接受我崇高的敬意（此致崇高的敬礼）。

署名

例3 申请住房补贴

Monsieur le Directeur,

Avec mon mari et mes deux enfants, nous avons récemment quitté un F2 d'un H.L.M de Nantes pour emménager dans un appartement de type F3.

Je bénéficie déjà du complément familial. Je désirerais savoir si j'ai droit à une allocation logement et à une prime de déménagement.

Vous trouverez ci-joint une fiche d'état civil ainsi que le justificatif de nos ressources.

En attendant votre réponse, je vous prie d'agréer, Monsieur le Directeur, l'expression de mes sentiments distingués.

Signature

P.J : Fiche d'état civil, bulletins de salaire

参考译文

主任先生：

我们全家（我丈夫及两个孩子）已于近日离开原先在南特廉租房的两居室搬进了一套三居室。

我已享受家庭补助。但我还想知道我是否可以享有住房补助及搬迁补贴。

随信附上个人情况表及收入证明。

期盼答复，谨致敬意。

签名

附件：个人情况表、工资单

如果所需办理之事有档案，可将本人有关档案编号写上 ，以方便办事机构查档。

如果要强调收信人的头衔或部门，可在日期下方注明。（见下例）

例4 医疗报销

FERRON Réné

3, rue du Commerce

93300 Aubervilliers

N° d'immatriculation : 1451167116041

Aubervilliers, le 23 décembre 2005

A Monsieur le Directeur de la

Caisse primaire d'assurance maladie

Objet : Remboursement de maladie

Monsieur le Directeur,

Le 10 novembre dernier, c'est à dire il y a plus de six semaines, j'ai expédié un dossier maladie au centre de paiement de la Sécurité sociale.

Le remboursement étant d'habitude effectué dans les trois semaines qui suivent l'envoi du dossier, je m'inquiète un peu d'en être sans nouvelles, d'autant plus qu'il s'agit d'une somme importante pour moi.

Auriez-vous l'extrême obligeance de vous assurer que ce dossier n'a pas été égaré, et de faire le nécessaire pour que ces frais médicaux me soient remboursés dans les meilleurs délais ?

En vous remerciant à l'avance, je vous prie de croire, Monsieur le Directeur, à l'assurance de mes sentiments distingués.

Réné FERRON

参考译文

主任先生：

我于11月10日，也就是六个多星期前向社会保险支付处寄去了我的医疗报销凭证。

正常情况下，一般会在资料寄出后的三个星期左右收到报销款项。但我迄今没有收到任何消息，对此我有些担心，因为这对我来说是一笔不小的数额。

麻烦您帮我查一下我的资料有无丢失，并尽快给我报销这笔医疗费用。

不胜感谢，顺致敬意。

赫内·费隆

例5 索要家庭资助机构名录

Madame Anne Zhang
7, impasse des quatre-Coins
27400 Louviers

Le 5 Février 2004

Direction Départementale des
Affaires Sanitaires et Sociales
Préfecture de l'Eure

Objet : Demande de renseignements sur la planification familiale

Monsieur,

Auriez-vous l'obligeance de me faire parvenir la liste des établissements d'information et de consultation ou de conseil familial existant dans le département de l'Eure ?

Avec tous mes remerciements, je vous prie d'agréer, Monsieur, l'assurance de ma considération.

Anne Zhang

参考译文

先生：

烦请给我寄一份本省负责向家庭提供咨询及帮助的机构名单。

不胜感激，谨致敬意。

安娜·张

1.3 校际交流

这类信件一般都是公函，因此要注意标注文件编号，如：Notre référence : MV/ GJL075.99。前几个字母一般是发信人的姓名缩写，后几个字往往是其秘书名字的缩写，然后是年份及文件编号。

如果是回复有编号的来信，则要写上来信的编号，如：

votre référence : LHJ / Y M 089-99

请看以下几例：

例1 寄送资料1

Hautes Etudes industrielles
13, rue de Toul
59046 Lille Cédex

Lille, le 19 avril 2006

Monsieur X
Université de Pékin

N/Réf : MV / GJL 075.06
V/Réf : LHJ / Y M 089-06

Monsieur,

Je viens de recevoir votre lettre datée du 29 mars, m'informant de votre souhait de recevoir une documentation actualisée sur l'Ecole X, et vous en remercie.

Veuillez trouver ci-joint les documents suivants :

—Plaquette de présentation de l'Ecole X et de la formation dispensée;

—Dossier Recherche;

—Dossier Formation continue;

—Liste des responsables des différents services et départements de l'Ecole.

Restant à votre disposition pour toute information complémentaire, je vous prie de croire, Monsieur, à l'assurance de mes sentiments les meilleurs.

Michel VITTU

Directeur

参考译文

先生：

您3月29日来函收悉。非常感谢您对本校的关注，得知您希望得到本校有关资料，现随信寄去以下资料：

——学校及所设课程介绍

——科研情况介绍

——继续教育情况介绍

——学校各机构负责人名单

随时为您提供补充资料，谨致敬意。

米歇尔·维杜

主任

例2 寄送资料2

L'Université de...　　　　Pékin, le 19 avril 2005

Monsieur Nicole VALENCE

Resp. du Service Scolarité

Université de...

N/Réf : ZH / XJL 175- 2005

V/Réf : NV / MD 089-2005

Monsieur,

Suite à votre courrier du 22 mars 2005, je vous prie de trouver, ci-joint, une documentation complète concernant notre Etablissement.

Je me tiens à votre disposition pour tous renseignements complémentaires.

Vous en souhaitant bonne réception, je vous prie d'agréer, Monsieur, l'expression de mes salutations distinguées.

Signature

参考译文

先生：

根据您2005年3月22日来函要求，现随信寄去一整套有关我校的情况介绍资料。

如有不详之处，敬请来函。

查收。

此致敬礼。

署名

◆寄送资料的信件一般都比较简短，既可如例1在信中将所寄材料列一清单，亦可如例2不列清单。

例3　关于建立校际关系的答复

Beijing le 4 Juin 2005

V/R : MB / SFH / 35.2005
N /R : CGX / BE / 201.2005

Monsieur le Directeur,

Je me permets de vous informer, comme convenu, de la réponse des autorités compétentes de la Municipalité de Beijing au sujet de l'établissement des liens avec L'Ecole Jingshan de Beijing.

Etant donné que l'Ecole Jingshan s'est déjà jumelée avec plusieurs écoles étrangères, sa capacité de concrétiser convenablement les conventions signées est donc dépassée. Elle nous a chargé de vous faire part de ses remerciements pour l'intérêt et l'amitié que votre école lui avait témoignés et également ses vifs regrets.

Souhaitant la compréhension de votre part, je vous prie d'agréer, Monsieur le Directeur, l'expression de mes sentiments distingués.

XXX

参考译文

校长先生：

关于你校希望与北京景山学校建立联系一事，我谨代表北京市政府有关部门答复如下：

鉴于景山学校已与国外多所学校结成姊妹学校，目前已暂无能力再和其他学校缔结新对子。景山学校委托我们向你们表示感谢，感谢你们对他们的信任和友谊，同时对此表示深深的歉意。

希望得到你们的理解，校长先生，请接受我崇高的敬意。

署名

例4 确认校长参观访问日程

Monsieur,

Suite à notre conversation téléphonique du 5 mai, concernant une visite éventuelle de Monsieur X, président de l'Université de... à Grenoble I et à l'INP de Grenoble, je voudrais vous confirmer par la présente de ce qui suit :

Monsieur X partira de Paris pour Grenoble dans la matinée du 15 mai prochain, aussi souhaite-t-il de pouvoir visiter Grenoble I dans l'après-midi du 15 et l'INP de Grenoble dans la matinée du 16 mai ; il souhaite aussi rencontrer des responsables de ces deux établissements et les inviter à déjeuner vers la fin de la matinée du 16 dans un restaurant chinois.

Je vous serais très reconnaissante, si vous pouvez nous aider à réaliser une telle visite, qui sera un élément constructif, j'en suis sûre, pour le développement des relations d'échange inter-universitaires entre la Chine et la France.

En attendant une réponse positive de votre part, je vous prie d'accepter, Monsieur, l'expression de mes considérations distinguées.

XXX

◆在作这种出访、参观安排时，无论事先是否已经电话或当面谈过，最后一定要文字确认。参观访问日程、内容等要尽可能写详细，有时还要注明费用由谁承担。

参考译文

先生：

关于XX大学校长X先生访问格勒若贝尔一大、格勒若贝尔国立职业学院一事，我们曾于5月5日电话商谈过，就此我确认如下：

X先生将于5月15日早上从巴黎动身前往格勒若贝尔，因此他希望能在15日下午参观格勒若贝尔一大，16日上午参观格勒若贝尔国立职业学院；他同时希望拜会这两所学校的负责人并邀请他们16日在一家中餐馆共进午餐。

我相信这次访问必将促进中法两国之间的校际交流，是具有积极（建设）意义的，承蒙相助，不胜感激。

期待答复，谨致敬意。

XXX

例5 工作邀请函

Monsieur,

Je vous confirme mon invitation à l'Université de... en qualité de professeur invité pour une période de 6 mois à compter du 1er septembre 2005.

Votre charge d'enseignement sera de 6 heures par semaine et vos interventions concerneront aussi bien des étudiants débutants en français que des étudiants confirmés. Le choix d'un manuel de base est laissé à votre discrétion.

Par ailleurs, je vous demanderai de nous aider dans l'administration en France, car les étudiants doivent effectuer leur dernière année à l'Université et dans une entreprise de votre pays. J'attacherai beaucoup d'importance à cette participation.

Votre salaire sera de 10000 yuans par mois.

Veuillez croire, Monsieur, à l'assurance de mes sentiments les meilleurs.

XXX

Président de l'Université

参考译文

先生：

XX大学邀请您作为客座教授前来授课，自2005年9月1日起，为期六个月。

您的工作是每周为初学及已学法语学生教授六小时的课程，教材自定。

此外，希望您能为这些学生的实习在法国有关部门做些工作，因为他们最后一年除了在校学习外，还须到法国企业实习。我对您在这方面的参与寄于希望。

您的月工资是10000元。

先生，请接受我崇高的敬意。

XXX

1.4 国际会议

会议通知或邀请一般要包含以下几方面内容：时间、地点、内容及费用等。

例1　会议通知

Monsieur,

Le «10e Congrès mondial de...» aura lieu du 15 au 19 mai 2006 à Hangzhou en Chine. Vous trouverez ci-inclus les informations nécessaires concernant :

—l'hébergement,

—le programme du séminaire,

—le dossier d'inscription,

—un questionnaire pour nous indiquer les sujets que vous désirez voir traiter,

—une brochure sur le lieu du séminaire et sur la région.

Pour vous aider dans le choix des hôtels, nous vous joignons des informations sur les prix des chambres. Nous vous demandons de bien vouloir nous retourner le dossier d'inscription avant le 15 avril.

Dans l'attente de vous retrouver en mai, nous vous prions d'agréer, Monsieur l'expression de nos sentiments distingués.

Signature

参考译文

先生：

第10届XX国际大会将于2006年5月15日至5月19日在中国杭州市举行。现随函寄去有关此次会议的资料：

——住宿

——研讨会日程

——注册表

——会议内容问卷表

——会议地点介绍

为了方便大家预定住宿，特附上旅店住宿价目表。请大家在4月15日前将会议注册表寄（返）回我处。

期待5月见面，谨致敬意。

署名

例2 会议邀请

Monsieur le président,

L'Association chinoise pour les échanges internationaux en Education va organiser un colloque international sur le développement actuel de l'enseignement supérieur et sa réforme. Le colloque aura lieu du 15 au 20 octobre 2006 à Beijing en Chine.

L'Association chinoise prendra en charge pendant la durée du colloque les frais du séjour (hébergement, repas) des participants tandis que les frais de voyages internationaux seront à la charge de ceux-ci. Les langues de travail au colloque sont le chinois et l'anglais.

L'Association chinoise sera heureuse d'inviter Monsieur X, président de l'Universite de... à ce colloque international.

L'Association chinoise serait reconnaissante à Monsieur X, président de l'Universite de... de bien vouloir lui donner une réponse à cette invitation et saisit cette occasion pour lui renouveller les assurances de sa haute considération.

XXX

◆这是一封比较正式的以协会名义发出的邀请函，所以用词与上一封有所不同，尤其是信末的礼貌用语。

参考译文

校长先生：

中国教育国际交流协会将于2006年10月15日至20日，在北京召开有关高等教育当前发展及改革的国际会议。

中国教育国际交流协会将负担与会者会议期间的食宿。国际旅费由与会者自己承担。会议语言为中文和英文。

中国教育国际交流协会特邀XX大学校长X先生光临大会。

期待您的光临。

此致敬礼

XXX

例3 举荐出席国际会议者

Monsieur le président,

Nous avons bien reçu votre lettre du 23 juin 2005 et nous vous en remercions. Dans votre lettre, vous nous avez annoncé que le prochain congrès de l'Association internationale des économistes aura lieu à Grenoble du 12-19 novembre 2006.

Notre Université y attache un intérêt tout particulier et nous serions heureux de vous recommander un professeur parlant français, Monsieur X pour y participer, celui-ci effectuant de la recherche en économie et commerce internationaux.

Nous vous remercions par avance que vous acceptiez notre recommandation et que vous lui envoyiez une invitation pour participer à ce Congrès.

En attendant une réponse favorable, nous vous prions d'agréer, Monsieur le Président, nos sentiments les plus distingués.

XXX
Président de l'Université

P. J : Curriculum Vitae de M. X

参考译文

（大会）主席先生：

非常感谢您2005年6月23日来信。我们从信中得知下届国际经济学家大会将于2006年11月12日至19日在格勒若贝尔市举行。

我校对此次大会格外关注，特举荐X先生前往参加，他本人是国际贸易与经济领域的教授，并且懂法语。

希望接受我们的举荐，并给他发来与会邀请，不胜感谢。

期待答复，谨致敬意。

XXX
校长

附件：X先生履历

1.5 各类咨询

随着对外开放的不断深入，国人希望走出国门，或与外国人交流的愿望日益强烈，下面介绍几例咨询类书信：

例1 签证咨询

Monsieur le Consul,

De nationalité chinoise, je travaille dans le domaine du théâtre français. J'ai appris qu'une rétrospective sur le théâtre français allait être organisée prochainement à Paris. Très vivement intéressé, j'aimerais aller en France afin de mieux connaître cette manifestation.

Devant solliciter l'octroi d'un visa, je vous serais infiniment reconnaissant de bien vouloir m'indiquer les formalités à accomplir en vue de cette demande.

Dans l'attente de votre réponse, je vous prie d'agréer, Monsieur le Consul, l'expression de mes sentiments respectueux.

Signature

参考译文

领事先生：

我是中国公民，研究法国戏剧。我获知近期在巴黎要举行一个法国戏剧回顾展，对此我很感兴趣，为了更好地了解这次活动，我希望能前往法国。特此向贵领事处申请去法国的签证。亟请贵处告知我须呈交何种证明文件和办理哪些手续才能取得签证。

期望及早获得回音。

此致

敬礼

署名

例2 子女暑期赴法国寄宿咨询

M. XXX

Adresse :

Tel :

Mme XXX

Directrice de S.I.L.C

26, rue du Faubourg St Antoine

75012 Paris

Beijing le 21 avril 2006

Madame la Directrice,

J'ai eu les coordonnées de votre agence par des amis qui ont été très satisfaits de vos services. Je désire envoyer mon fils, âgé de 15 ans et élève dans un lycée à Beijing en Chine, en France cet été. J'aimerais donc trouver pour lui une famille avec des enfants de son âge, de préférence à Paris ou à Lille.

Mon fils n'est pas tellement habitué à voyager ou à être loin de sa famille mais il est assez sportif et très sociable. Je vous demande de bien vouloir m'envoyer des informations détaillées sur les différentes activités et les sorties.

Dans l'attente de recevoir les renseignements nécessaires, je vous prie d'agréer, Madame la Directrice, l'expression de mes sentiments les meilleurs.

Signature

P.J : carte de visite

◆S.I.L.C : Séjours Internationaux Linguistiques et Culturels

参考译文

经理女士：

我从朋友处获得贵办事处的联系方式，他们曾得到过贵办事处的服务并对此感到满意。今年夏天我打算将我儿子送往法国，他今年15岁，在北京一所中学上学。我希望能为他找到一户人家，最好是巴黎或里尔地区，家中有同龄子女。

我儿子不太习惯远离家庭出门旅游，但他喜欢体育，好结交朋友。烦请向我详细介绍一下各种活动及外出。

期望提供有关信息，谨致敬意。

署名

附件：个人名片

例3 咨询赴法国办展览事项

Monsieur le Conseiller,

Notre société a une longue expérience de la fabrication des jouets. Chaque année, nous apportons sur le marché, des jouets dont la variété et la conception ingénieuse nous valent une excellente réputation en Chine comme à l'étranger.

Dans le but de promouvoir le commerce entre la Chine et

la France et de faire connaître aux enfants français les nouveaux jouets chinois, nous faisons le projet d'organiser à Paris une exposition de jouets au cours de laquelle nous exposerons les meilleurs produits que notre société a conçus ces dernières années.

Cette exposition qui reflétera les tendances mondiales actuelles en matière de fabrication de jouets, nous semble être une excellente occasion de contact entre professionnels.

Votre aide, Monsieur le Conseiller, est indispensable pour la réalisation de ce projet. C'est pourquoi, nous vous serions extrêmement reconnaissants de bien vouloir nous faire part de vos observations et de nous indiquer les démarches à accomplir.

Dès lors, nous nous tenons à votre entière disposition pour vous rencontrer si vous le jugez nécessaire et vous prions de croire que nous nous conformerons à vos directives si notre projet obtient votre accord.

Dans l'attente de votre réponse, nous vous prions de bien vouloir agréer, Monsieur le Conseiller, l'expression de notre haute considération.

参考译文

参赞先生：

我公司在玩具生产方面具有悠久的历史。每年我们都要向市场推出一些玩具，其品种及设计理念使我们在国内外享有良好的声誉。

为了推动中法之间的贸易往来，让更多的法国孩子了解中国玩具，我们拟在巴黎举办一次玩具展览，以展示我公司近年来设计生产的各种玩具。

我们认为这样的展览不但能折射（反映）出当今世界玩

具生产的趋势，也是各界专业人士交流的一次极好的机会。

参赞先生，要实现这一计划，您的帮助是必不可少的。为此恳请参赞先生拨冗指教。

如有可能希望能当面详细陈述，本计划如能得到您的同意，我们将严格遵循您的指示行事。

期盼回复，参赞先生，请接受我们崇高的敬意。

（此致敬礼）

1.6 其他

例1 暑期团队接待

Le 5 mars 2006

Monsieur,

L'Institut... dispose de 200 chambres (simples et doubles) susceptibles d'héberger des groupes du 1er juillet au 30 septembre, pour une durée minimum de cinq nuits.

Fort bien situé, au cœur d'un parc de vingt hectares, l'Institut... est à quelques minutes de la gare. Il est possible de prendre les trois repas dans les restaurants (à prix modiques) de l'Institut. Un prix forfaitaire avantageux est proposé selon l'importance du groupe : il comprend le prix du lit et du petit déjeuner pendant la durée du séjour.

Nous serions reconnaissants aux organismes intéressés par notre offre de bien vouloir nous indiquer dans les meilleurs délais s'ils comptent organiser des séjours à l'Institut..., car nous avons déjà reçu un certain nombre de propositions, et nous serons bientôt en mesure d'établir notre planning pour l'été 2006. Pour tous renseignements pratiques et pour d'éventuelles réservations, il convient de s'adresser à la secrétaire de l'Institut, Madame X, au numéro de téléphone suivant : XXXXXXXX.

Nous vous remercions d'avance pour la diffusion de cette information, et nous vous prions de croire, Monsieur, à l'expression de nos sentiments distingués.

XXX

Directeur de l'Institut

P. J: Brochure + Conditions d'accueil des groupes d'été

◆这是一封具有广告性质的信件，为吸引团队前来，信中较为详细地介绍了该校的接待能力及地理优势等。

参考译文

先生：

XX学院拥有200间房间（单双人），7月1日至9月30日可以接待前来住宿5夜以上的团队。

学院位于一座占地20公顷的公园中心，地理位置优越，离火车站只有几分钟路程。一天三餐均可在学院餐厅就餐（价格便宜）。根据团队规模大小，享有不同优惠，价格含住宿及早餐。

请有意安排团队前来住宿的组织及早与我方联系，因为我们已经接到一些预订意向，2006年夏季安排也即将出台。请咨询者及预订者与学院秘书X女士联系，电话如下：XXXXXXXX。

请广为宣传，不胜感谢，谨致敬意。

XXX

院长

例2 委托书

委托书格式：

Procuration

Je, soussigné(e) (nom... prénom... adresse...) déclare donner procuration à Monsieur (Madame... ou Mademoiselle ...adresse...) pour... (décrire ces actes concernés)

Fait à... le...

Lu et approuvé　　Bon pour pouvoir　　Signature

J'accepte le pouvoir ci-dessus　　Lu et approuvé　　Signature

参考译文

委托书

立书人……（姓名）……（住址），声明授权委托……先生（女士或小姐）住址：……为……（写明有关委托事项）

立于……　（地点）……　（日期）……

已阅并核准　　授权　　签字（委托人）

我接受上述授权　　已阅并核准　　签字（受委托人）

范例

Procuration

Je soussignée Xiang Yan, née le 5 septembre 1956 en Chine, demeurant en ce moment à Beijing de la République populaire de la Chine, déclare donner procuration à Madame Li Minglan, habitant à 95 rue Chevaleret 75013 Paris pour se charger de toutes les opérations de la fermeture de mes comptes à la Banque...

Fait à Beijing le 3 décembre 2004

Lu et approuvé   Bon pour pouvoir   Xiang Yan
J'accepte le pouvoir ci-dessus   Lu et approuvé   Li Ming lan

委托书

立书人向燕，1956年出生于中国，目前居住在中国北京，声明授权委托李明兰，居住巴黎13区舍瓦勒亥大街95号，负责关闭我在XX银行的所有账户。

2004年12月3日立于北京

已阅并核准   授权   向燕
我接受上述授权   已阅并核准   李明兰

附录

常用语

信首：

提请对……给予关注

Je me permets d'attirer votre attention sur...

J'ai l'honneur d'attirer votre attention sur les faits suivants : ...

J'ai l'honneur de porter à votre connaissance sur les faits suivants : ...

Je voudrais attirer votre attention sur la situation suivante : ...

Je voudrais attirer votre attention sur les faits suivants : ...

恳请做……

Auriez-vous l'obligeance de...

Auriez-vous l'extrême obligeance de...

Je vous serais très obligé de bien vouloir...

Par la présente, je vous demande de bien vouloir...

Je vous serais très reconnaissant de bien vouloir...

Nous avons l'honneur de vous prier de bien vouloir...

J'ai l'honneur de vous demander...

Je vous prie de faire le nécessaire pour que...

正文陈述事件

Par la présente je vous fais part de...

J'ai l'honneur de vous exposer que...

Je prends la liberté de vous exposer...

Je me permets de vous informer, comme convenu...

Je vous informe que...

随信附上……

Vous trouverez ci-joint une enveloppe timbrée libellée à mes nom et adresse.

Vous voudrez bien trouver ci-joint une enveloppe timbrée.

Veuillez trouver ci-joint...

信尾：

期待理解与答复

Souhaitant la compréhension de votre part, je vous prie d'agréer,...

Dans l'attente de votre réponse, Je vous prie d'agréer, Madame, Monsieur...

En espérant bien vivement qu'il vous sera possible d'accéder à ma demande, je vous prie d'agréer, Monsieur...

表示感谢

Veuillez agréer, Monsieur..., avec mes remerciements, l'assurance de mes sentiments distingués.

En vous remerciant à l'avance, je vous prie de croire, Monsieur..., à l'assurance de mes sentiments distingués.

Avec tous mes remerciements, je vous prie d'agréer, Monsieur... l'assurance de mes sentiments respectueux.

Nous vous remercions d'avance pour...

其他常用语

Je me permets d'avoir recours à vous pour...

J'ai l'honneur de solliciter de vous l'autorisation de...

Je suis à votre disposition pour toute information complémentaire.

Je me tiens à votre disposition pour tous renseignements complémentaires.

Nous serions reconnaissants à... de bien vouloir...

信首称谓和信末用语

正确称呼收信人、正确使用信末礼貌用语、正确书写信封，对书写行政书信非常重要，下面的表格可以给大家一个参考。

收信人	信首称谓	信末礼貌用语	信封上标注
Personnalités politiques			
Chef d'Etat	Monsieur le Président	Je vous prie d'agréer, Monsieur le Président, l'expression de ma très haute considération.	Monsieur le Président de la République
Premier Ministre	Monsieur le Premier Ministre (ou Madame le Premier Ministre)	Je vous prie de bien vouloir agréer, Monsieur le Premier Ministre, l'expression de ma très haute considération.	Monsieur ou Madame le Premier Ministre
Ministres, Secrétaire d'Etat (ancien ministre, ancien secrétaire d'Etat)	Monsieur le Ministre (ou Madame le Ministre)	Je vous prie de bien vouloir agréer, Monsieur le Ministre, l'expression de ma très haute considération.	Monsieur…, Ministre de…
Sénateur, Député, Maire	Monsieur le Sénateur / Député / Maire (ou Madame le Sénateur / Député / Maire)	Je vous prie de bien vouloir agréer, Monsieur le Sénateur / Député / Maire, l'expression de ma haute considération.	Monsieur…, Maire de… Monsieur…, Député de…
Conseiller général, Conseiller municipal, Adjoint au maire	Monsieur le Conseiller général (ou Madame la Conseillère générale), Monsieur le Conseiller / l'Adjoint (ou Madame la Conseillère / l'Adjointe)	Je vous prie de bien vouloir agréer, Monsieur le Conseiller général / Conseiller / l' Adjoint, l'expressionde ma haute considération.	Monsieur…, Conseiller général / municipal de… Madame…, Adjointe au Maire de…

Personnalités administratives			
Préfet, Sous-Préfet	Monsieur le Préfet / Sous-Préfet	Je vous prie de bien vouloir agréer, Monsieur le Préfet / Sous-Préfet, l'expression de ma haute considération.	Monsieur…, Préfet de… Monsieur…, Sous-Préfet de…
Haut Fonctionnaire	Monsieur le Directeur général	Je vous prie d'agréer, Monsieur le Directeur général, l'expression de ma haute considération.	Monsieur..., Directeur des Collectivités locales
Ambassadeur	Monsieur l'Ambassadeur, (ou Madame l'Ambassadeur)	J'ai l'honneur, Monsieur l'Ambassadeur, de présenter à Votre Excellence l'expression de ma très haute considération.	Son Excellence Monsieur..., Ambassadeur de France en...
Personnalités judiciaires			
Ministre de la Justice	Monsieur le Garde des Sceaux (ou Madame le Garde des Sceaux)	Je vous prie de bien vouloir agréer, Monsieur le Garde des Sceaux, l'expression de ma très haute considération.	Monsieur (ou Madame) le Garde des Sceaux
Procureur de la République	Monsieur le Procureur de la République	Je vous prie d'agréer, Monsieur le Procureur de la République, l'expression de ma respectueuse considération.	Monsieur le Procureur de la République
Monsieur le Procureur de la République	Monsieur le Premier Président	Je vous prie de bien vouloir agréer, Monsieur le Premier Président, l'expression de ma haute considération.	Monsieur..., Premier Président de...

Personnalités religieuses			
Pape	Très Saint Père	J'ai l'honneur d'être avec le plus profond respect, de Votre Sainteté, le très humble et dévoué serviteur.	A Sa Sainteté le Pape
Cardinal	Éminence	Daigne, Votre Éminence, agréer l'expression de mon très profond respect.	A son Éminence le Cardinal...
Archevêque et Evêque	Monseigneur	Daigne, Votre Excellence, agréer l'expression de ma très respectueuse considération.	A son Excellence Monseigneur...
Supérieur d'une communauté religieuse	Mon très Révérend Père	Je vous prie d'agréer, Mon très Révérend Père, l'expression de mes sentiments respectueux.	Révérend Père…
Abbé, Aumônier	Monsieur l'Abbé	Je vous prie d'agréer, Monsieur l'Abbé, l'expression de mon respectueux souvenir.	Monsieur l'Abbé…
Personnalités militaires			
Général	Mon Général (si c'est un homme qui écrit) Général (si c'est une femme qui écrit)	Je vous prie d'agréer, (Mon) Général, l'expression de ma haute considération.	Le Général …
Colonel	Mon Colonel (si c'est un homme qui écrit) Colonel (si c'est une femme qui écrit)	Veuillez agréer, (Mon) Colonel, l'expression de ma considération distinguée.	Monsieur le Colonel …

Commandant	Mon Commandant (si c'est un homme qui écrit) Commandant, (si c'est une femme qui écrit)	Je vous prie d'agréer, (Mon) Commandant, l'expression de considération distinguée.	Commandant…
Capitaine	Mon Capitaine (si c'est un homme qui écrit) Monsieur ou Madame (si c'est une femme qui écrit)	Veuillez agréer, (Mon) Capitaine, l'expression de ma considération distinguée.	Monsieur le Capitaine…
Lieutenant	Mon Lieutenant, (si c'est un homme qui écrit) Monsieur ou Madame, (si c'est une femme qui écrit)	Veuillez agréer, (Mon) Lieutenant, l'expression de ma considération distinguée.	Lieutenant…
Professions libérales			
Avocat	(Cher) Maître	Veuillez agréer, (Cher) Maître, l'expression de ma considération distinguée.	Maître…
Médecin	(Cher) Docteur	Veuillez agréer, (Cher) Docteur, l'expression de ma considération distinguée.	Docteur…
Notaire, Commissaire priseur, huissier	(Cher) Maître	Veuillez agréer, (Cher) Maître, l'expression de ma considération distinguée.	Maître…
Artiste célèbre	Maître	Je vous prie d'agréer, Maître, l'expression de ma respectueuse considération	Monsieur, (Madame)…

Corps enseignant			
Professeur de Faculté	Monsieur le Professeur (ou Madame le Professeur)	Je vous prie d'agréer, Monsieur/Madame le Professeur, l'expression de ma considération distinguée.	Monsieur/Madame le Professeur
Recteur d'Université	Monsieur le Recteur (ou Madame le Recteur)	Je vous prie d'agréer, Monsieur/ Madame le Recteur, l'expression de ma considération distinguée.	Monsieur/Madame le Recteur
Inspecteur d'académie	Monsieur l'Inspecteur de l'académie (ou Madame l'Inspecteur de l'académie)	Je vous prie d'agréer, Monsieur /Madame l'Inspecteur de l'académie, l'expression de ma considération distinguée.	Monsieur/Madame l'Inspecteur de l'académie de…
Directeur d'un établissement scolaire	Monsieur le Proviseur / le Principal / le Directeurc ou Madame le Proviseur / le Principal / la Directrice)	Je vous prie d'agréer, Monsieur/ Madame le Proviseur/ le Principal / le Directeur / la Directrice, l'expression de ma considération distinguée.	Monsieur/ Madame le Proviseur Monsieur/Madame le Principal Monsieur/Madame le Directeur/la Directrice
Professeur	Monsieur (ou Madame)	Je vous prie d'agréer, Monsieur /Madame, l'expression de ma considération distinguée.	Monsieur / Madame …

Noblesse			
Prince, Princesse	Prince (ou Princesse)	Je vous prie d'agréer, Prince, l'expression de mon respectueux souvenir.	Prince/Princesse…
Duc, Duchesse	Monsieur le Duc (ou Madame la Duchesse)	Je vous prie d'agréer, Monsieur le Duc, l'expression de mon respectueux souvenir.	Duc/Duchesse…
Marquis	Monsieur (ou Madame), Mon cher Marquis,	Je vous prie d'agréer, Mon cher Marquis, l'expression de mon respectueux souvenir.	Marquis/Marquise…
Comte, Comtesse	Mon cher Comte,	Je vous prie d'agréer, Mon cher Comte, l'expression de mon respectueux souvenir.	Comte/Comtesse…
Baron, Baronne	Cher Monsieur (ou Chère Madame)	Je vous prie d'agréer, Cher Monsieur (ou Chère Madame), l'expression de mon respectueux souvenir.	Colonel… Baronne

信首：

给律师、公证人、诉讼代理人及名演员写信，要称呼Maître。

信末：

相互不认识的人之间常用mes sentiments distingués。

对高官，如部长、市长等常用très haute considération。

平级或上级对下级常用mes sentiments les meilleurs。

因公写信用 l'expression de mes salutations distinguées,比较中性。雇员对雇主或供货商对顾客常用mes sentiments dévoués mes sentiments respectueux。

第二章 求职类信件

2.1 求职应聘信

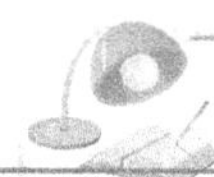

求职信注意事项

(1) 求职信最好手写，注意书写工整无错，因为招聘单位认为可以从笔迹中看出一个人的个性。但随着电脑的普及，一些招聘单位亦开始认可打印的求职信。

(2) 语言要简练，切忌啰唆，语气应谦恭，但不是献媚、卑躬屈膝。也不要在信中自我吹嘘。这类话可让曾经雇用过你的单位负责人或公司老板来说。详细情况可请招聘者参看履历。长短最好控制在一页之内，但应涵盖以下几方面的内容：

◆申请哪个职位，从何处得到此招聘信息。
◆为何申请该职位（动机、原因或对该岗位及企业的兴趣）。
◆简单陈述你个人哪些条件与待招岗位吻合。
◆可视情况提出面试的愿望。

(3) 附上履历，并且最好附上本人近照。

(4) 有时招聘启事不是要求求职者提供履历， 而是要求提供详细情况，这样求职者就要把自己的详细情况写在求职信中。

求职信基本格式

Marie Louise BERGER
XX, rue de Charenton
75012 Paris
Tél. : 01.41.15.45.88

ACTÈRES CONSEIL
XX, rue Trudaine
75009 Paris

.... : Candidature
Poste secrétaire direction
Réf. 5 A 019 F

P.J. : CV.

Paris, le ...

Messieurs,

Votre annonce ...., ce jour, dans Le ...., a retenu .... attention. Je me permets de vous .... mon curriculum vitae .... le poste de secrétaire de direction .... à ....

Je suis .... au chômage, à la .... de la restructuration du service .... je travaillais.

Je .... un BTS de secrétariat trilingue et .... le début de ma .... je n'ai changé que deux .... d'entreprise.

Je .... dynamique et très .... pour retrouver un emploi. J'ai toujours fait .... de sérieux et de dévouement dans .... le montrent mes .... C'est pour cette raison que .... sont de 2 000 € net par mois.

J'espère que .... retiendra votre attention. Je .... à votre disposition pour un .... entretien, au jour et à l'heure que vous me ....

Dans l' .... de votre réponse, je vous prie ...., Messieurs, l'expression de .... distinguées.

求职应聘信范例

例1 应聘秘书

Agnès Chalon（应聘者姓名）
13, rue Mordillat
92260 Fontenay aux Roses（地址）
Tel :（电话）
Email :（电子邮件地址）

PRO-ANNONCES（收信者）
129 BD Raspail
75006 Paris Cedex 06

Vos références : FB17（很重要）
Objet : poste de secrétaire de direction bilingue（很重要）

Fontenay aux Roses, le 22 novembre...

Madame, Monsieur,

Votre offre d'emploi, parue dans le journal *PRO-ANNONCES* du 19 novembre m'a vivement intéressée et je vous propose d'examiner ma candidature.（何处得到信息）

Mon expérience m' a conduite à tenir plusieurs postes de secrétariat bilingue dans différents secteurs. Celui des loisirs me passionne. En effet, c'est un secteur dynamique qui permet de démontrer des capacités d'adaptation, le goût du service client et une grande disponibilité.（对该岗位的兴趣及赞扬）

J'ai travaillé au Futuroscope de Poitiers et au Parc Astérix où j'ai développé avec succès mon sens de l'organisation avec la gestion de nombreuses visites de professionnels du tourisme. J'ai aussi assisté la direction dans la préparation des contrats commerciaux et la gestion de fichiers clients etc. Ces qualités associées à une bonne maîtrise de l'informatique sont les atouts que je me propose de mettre à votre service. Le salaire souhaité serait de 30000 à 32000 euros brut par an.（与征聘岗位相附的个人条件及经历）

Je me tiens donc à votre entière disposition pour vous exposer plus précisément, lors d'un entretien, mes motivations à assister efficacement votre nouveau directeur commercial.（希望面试）

Dans l'attente de votre réponse, je vous prie de croire, Madame, Monsieur, en l'assurance de ma considération distinguée.

Agnès Chalon

P.J.: 1 C.V.

◆此信是通过刊登招聘广告的报社转交的，故收信者为报社。

◆如果在招聘启事中未要求求职者表明工资要求，那么求职者在信中应避免谈及此事。

参考译文

女士、先生：

对于11月19日贵处在*PRO-ANNONCES*报上刊登的招聘信息，我非常感兴趣，特此提出应聘申请。我曾在不同部门多次担任双语秘书，具有一定经验。我对娱乐部门非常感兴趣，因为这是一个充满活力的部门，它能展示你的适应能力、顾客服务意识及随机应变能力。

我曾在普瓦提埃的Futuroscope以及Astérix公园（游乐园）工作过，多次组织安排旅游业专业人士的参观，组织能力得到很大提高。我也协助领导起草商业合同，管理顾客档案等。除此之外，我精通计算机，因此我认为可以胜任贵处工作。我的工资期望是年薪30000 至32000欧元（税前）。

希望能有机会当面向您陈述详细情况及应聘商业经理秘书岗位的理由。

期望回复，顺致敬意。

阿妮丝·莎隆

附件：履历一份

如果你不是初次求职，可在信中写明准备或已经辞去职务的原因。应聘信中的自我介绍要尽量贴近招聘要求。另外，申请哪个岗位可如上例写在事项一栏里，亦可在正文中说明。见下例：

例2　应聘总经理助理

Madame, Monsieur,

Votre annonce parue dans le journal... du... a retenu toute mon attention. Je me permets de vous envoyer mon curriculum vitae pour le poste d'assistante de Directeur Géneral.

Assistante du Directeur Général dans l'entreprise... depuis plusieurs années, je me suis chargée de la gestion de son agenda, de l'organisation de ses voyages et réunions ainsi que tous les échanges avec ses interlocuteurs internes et externes.

Ayant emménagée avec mon mari le mois dernier dans la

ville de..., je cherche maintenant un nouveau poste qui soit pour moi l'occasion de mettre mon expérience à profit et de participer réellement à la marche d'une entreprise.

Par ailleurs, comme vous pourrez le constater dans le curriculum vitae ci-joint, je connais bien votre spécialité puisque j'ai été employée dans la société...

J'espère que ma candidature retiendra votre attention et je me tiens à votre disposition pour vous fournir plus de détails au cours d'un entretien.

En attendant votre réponse, je vous prie d'agréer, Madame, Monsieur, l'expression de mes sentiments distingués.

Signature

P.J : 1 C.V.

2 Photocopies de diplômes

参考译文

女士、先生：

我对你们X月X日刊登在XX报上的招聘信息很感兴趣，请允许我申请总经理助理一职。

我曾在XX企业担任总经理助理一职多年，负责安排总经理日常工作、出差、会议，以及协调其与企业内外人士的交流等等。

上个月我随丈夫迁入XX城市，现正在寻找新的岗位，以便有机会用我的经验真真切切地参与到企业的建设中。

此外，你们从我的履历中可以看出，我对你们的专业领域非常了解，因为我曾在XX公司工作过。

希望我的申请能得到您的注意并希望有机会当面向您提供更详细的情况。

女士、先生，请接受我真挚的敬意。

署名

附件：履历一份

文凭复印件两份

例3 应聘计算机程序分析员

Monsieur,

Votre offre d'emploi pour un poste d'analyse-programmeur dans une société à Xiamen parue dans l'*Hebdomadaire informatique* du 18 sept., m'a beaucoup intéressé.

Etant moi-même originaire de cette région, et actuellement sans travail du fait de la fermeture de la Société informatique..., dans laquelle j'étais employé depuis six ans, je vous propose ma candidature pour ce poste.

Vous trouverez dans le curriculum vitae ci-joint le détail de mes études et de mes activités professionnelles.

Je vous prie d'agréer, Monsieur, l'expression de mes sentiments distingués.

Signature

P.J : curriculum vitae

1 certificat de travail

◆可以随信附上工作证明

参考译文

先生：

我从9月18日的《计算机周刊》上得知贵方拟为厦门某公司招聘程序分析员，对此我很感兴趣。

我申请应聘该职位，因为我来自该地区，并曾在XX计算机公司工作过六年，目前因XX计算机公司关门而待业在家。

随信寄去我的履历，里面详细介绍了我的学历及工作经历。

先生，请接受我诚挚的敬意。

署名

附件：履历

一份工作证明

假如你去应聘销售代理，那就要着重强调一下自己与人沟通的能力及个人关系网。如果该工作需要经常出差、应酬，那最好说明一下你是否可随时出差或应酬。请看下例：

例4 应聘化妆品销售代理

Monsieur,

Votre annonce a retenu toute mon attention et je souhaite donc vous présenter ma candidature pour le poste de représentant que vous offrez dans le journal... du 9 juin.

Ayant déjà travaillé sept ans dans ce domaine, j'ai beaucoup de relations et une grande habitude des contacts. Ma disponibilité, le soir et le week-end est en adéquation avec le poste que vous proposez. Comme vous pouvez le constater à la lecture de mon curriculum vitae ci-joint, j'ai des expériences dans la vente des produits de beauté et j'espère que vous serez satisfait de mes services.

En espérant que ma canditature saura retenir votre attention et en attendant votre réponse favorable, je vous prie de croire, Monsieur, à l'expression de mes salutations distinguées.

Signature

P.J : 1 C.V.

参考译文

先生：

6月9日贵方刊登在某某报刊上的招聘启事引起我的关注，本人毛遂自荐应聘销售代理一职。

我已在该领域工作7年，有很多关系并善于与人打交道。此外该岗位要求应聘者无论晚上还是周末要能随时投入工作，这点我没有任何问题。贵方从我的履历中可以看到，我在化妆品销售方面富有经验。我想你们会满意我日后的工作的。

希望本人的应聘能引起贵方的兴趣，期待得到满意的答复。谨致敬意。

署名

附件：履历一份

如果你认为在应聘某职位时，你在年龄上有优势，可以在信中把自己的出生年月写上。最好是写出生年月，而不要写XX岁。

例5 应聘导游工作

Monsieur le Directeur,

Ayant appris par la presse que vous recherchiez un guide-interprète, de nationalité chinoise, j'ai l'honneur de poser ma candidature pour ce poste.

Je suis né en 1983 à Pékin et j'ai fait mes études à l'Université des langues étrangères N° 2 de Pékin où j'ai étudié le français, l'anglais et le tourisme. Le tourisme m'intéresse tout particulièrement, c'est pourquoi à l'Université j'ai souvent servi de guide à des groupes étrangers qui visitaient la Chine. Cela m'a permis de leur faire connaître les sites célèbres, mais aussi d'améliorer mon niveau linguistique. Je dois dire que ce fut une expérience très enrichissante !

J'ai terminé l'an dernier mes études à l'Université et j'ai l'intention de travailler comme guide -interprète pour les groupes français ou anglais. Je joins à ma lettre un curriculum vitae.

Dans l'espoir d'une réponse favorable, je vous prie d'agréer, Monsieur le Directeur, l'assurance de ma considération distinguée.

Signature

P.J :1 C.V.

◆导游一般需要年轻但又有一定经验的人。

参考译文

经理先生：

从报上得知，贵处正在招聘导游人员，我是中国人，在此特向您提出应聘该岗位的申请。

我1983年出生在北京，在北京第二外国语学院学习了法语、英语及旅游专业。我对旅游业非常感兴趣，在校期间就经常为来中国旅游的外国团队充当导游。我在带领他们参观旅游胜地的同时，也提高了自己的外语水平。不可否认，这对我来说是一种难得的经历。

我去年已从大学毕业，希望找一份为法国或英国团队担任导游的工作。随信附上个人简历。

期盼得到满意的答复，经理先生，请接受我崇高的敬意。

署名

附件：履历一份

如果是应聘文字翻译，则不要忘记说明你在这方面已有的成就。

例6　应聘文字翻译

Monsieur le Directeur,

Ayant appris il y a quelques jours par un ami que votre agence recherchait un traducteur chinois-français, chinois-anglais, je me permets de vous écrire pour poser ma candidature et de vous faire parvenir le curriculum vitae ci-joint.

Je suis né en 1976 à Pékin en Chine. J'ai étudié le français et l'anglais à l'Université de Pékin. Les langues m'intéressent et dans le cadre du curcus universitaire, j'ai suivi de nombreux cours de traduction appliqués. Et j'ai déjà traduit et publié deux livres.

Dans l'espoir d'une réponse favorable, je vous prie d'agréer, Monsieur le Directeur, l'expression de ma considération distinguée.

Signature

P.J : C.V.

Photocopies de diplômes

参考译文

经理先生：

几天前从一朋友处得知贵处正在寻找中法、中英文文字翻译，为此特写信毛遂自荐，并随信寄去履历。

我1976年出生在中国北京，是在北大学习的英语和法语。我对语言很感兴趣，大学期间主修了应用翻译课程。现在已翻译出版了两本书。

希望能被聘用，顺请

译安。

署名

附件：履历

文凭复印件

如果不是应聘一份长期固定的工作，只是想利用假期干些零工，这类信件可写得简短些，但一定要注明你何时有空。

例7 申请（假期）短期工作

Monsieur,

Je pense que votre société fait appel pendant les vacances à du personnel temporaire. C'est pourquoi je prends la liberté de me proposer pour un emploi pendant le mois d'août 2006.

J'ai 26 ans, je prépare le doctorat de... à Paris III et je m'estime capable de remplir une fonction de... Veuillez trouver ci-joint mon curriculum vitae.

Je vous prie d'agréer, Monsieur l'assurance de mes sentiments respectueux.

Signature

P.J : C.V.

参考译文

先生：

我想贵公司假期可能会需要一些临时人员。本人冒昧申请一份短工，时间是2006年8月。

我26岁，目前在巴黎三大攻读XX博士学位，我自认可以胜任XX工作。随函附上本人履历。

谨致敬意。

署名

附件：履历

作为一个大学刚毕业的初次求职者，求职信用语既要谦恭，又要能恰如其分地展现你的能力。求职前应对所求职的企业或单位有所了解，并在信中给予适度赞扬，但切忌过分。

例8 初次求职

Madame, Monsieur,

Votre annonce a retenu toute mon attention, aussi je me permets de vous présenter ma candidature.

Je viens d'être diplômé de l'Université de... en juillet 2006, je suis particulièrement dynamique, motivé, capable de travailler en équipe.

Travailler dans votre entreprise qui est actuellement leader sur le marché de…, serait un excellent moyen de débuter ma carrière.

Je vous invite donc à lire mon C.V. et me contacter pour un entretien si vous pensez que ma candidature est intéressante.

Je vous prie d'agéer, Madame, Monsieur, l'expression de mes respectueuses salutations.

Signature

P.J : C.V.

参考译文

女士/先生：

贵方招聘启事引起本人的关注，特此毛遂自荐。

2006年7月毕业于XX大学，我朝气蓬勃，积极主动，善于团队工作。

贵企业在XX市场是领头羊，如能加盟，当是本人职业生涯的一个极好的开端。

烦请阅读本人履历，如贵企业对本人申请有兴趣，恳请给予面谈机会。

谨致敬意。

署名

附件：履历

当你从朋友或非正式渠道得到某一招聘信息后，可以写信给有关部门咨询待招岗位详情。

例9　咨询待招岗位详情

Madame,

Installée depuis peu dans votre ville, et intéressée par son dynamisme évident, je souhaiterais réaliser rapidement mon insertion.

Madame X, qui occupe le poste de... dans votre entreprise, est l'une de mes amies et m'a conseillé de prendre contact avec vous pour poser ma candidature à l'emploi de... que vous souhaitez pourvoir. Elle ne m'a bien sûr décrit le profil de ce poste que dans les grandes lignes. Je serais donc heureuse d'avoir plus d'informations à ce sujet. Ce sont les raisons pour lesquelles je me permets de vous écrire et de vous faire parvenir le curriculum vitae ci-joint.

Vous remerciant par avance de bien vouloir me faire connaître votre avis, je vous prie d'agréer, Madame, l'expression de mes sentiments distingués.

Signature

P.J : 1 C.V.

参考译文

女士：

我刚搬迁到贵市，深感这是一座充满活力的城市，希望自己能尽快融入到这座城市中。

在贵企业担任XX工作的X女士是我的一位朋友，她建议我和您联系，申请贵企业拟招聘的XX职位。当然她已和我大致讲了一下应聘该职位的基本条件。但我希望能了解到更详细的情况，为此特给您去信并随信寄去我的履历。

如蒙答复，不胜感谢。顺致敬意。

署名

附件：履历一份

2.2 履历

履历注意事项

(1) 履历要使用白纸，用电脑单面打印。

(2) 主要由三部分内容组成：个人基本情况、学历及工作经历。

(3) 页数不超过两页。既要简明扼要，又要尽量写上与招聘职位有关的学历及工作经历，尤其是工作经历一项，可将社会实践、假期打工，哪怕是几天的经历，只要是与待招岗位有关的都可以写上。

(4) 最好附上本人近照。

履历格式

Etat civil 个人情况

photo

Nom :

Prénom :

Adresse :

Tel :

Date et lieu de naissance :

Nationalité :

Situation de famille :

Etudes et diplômes (ou : Formation) 学历

Emplois (ou : Expérience professionnelle) 工作经验

（以上为必写部分）

Connaissance pratique 实用技能

Langues étrangères 外语

Centre d'intérêt 兴趣爱好

（这几项要联系待招岗位，有选择、有重点地写）

例1

Curriculum vitae

Agnès Chalon
13, rue Mordillat
92260 Fontenay aux Roses
Tel : XXX
Nationalité : française
Née le 18 mai... à...
Mariée, sans enfant

Formation
2000 : BTS (Brevet de technicien supérieur) de secrétariat commercial bilingue obtenu à Limoges
1998 : Baccalauréat, série SES (sciences économiques et sociales)

Emploi (Expérience professionnelle)
Parc Astérix
depuis octobre 2002 jusqu' à présent : Secrétaire de direction : préparation des contrats commerciaux; gestion des appels téléphoniques, du courrier, des mails, des notes de frais et du classement des documents; l'organisation de l'agenda du Directeur (Général) et des réunions

Futuroscope

de septembre 2000 à octobre 2002 : Secrétaire de direction: préparation des visites des professionnels du tourisme, tenue de l'agenda, filtrage téléphonique

de juillet à septembre 2000 : Hôtesse d'accueil, bilingue anglais pour des touristes anglophones

Langues étrangères

Anglais : courant, écrit, parlé

Espagnol : notions scolaires

Connaissance informatique

Logiciel Word, Excel, PowerPoint

Centre d'intérêt

Responsable du Club d'échecs de la maison des jeunes et de la culture du quartier

Passionnée de cinéma

◆个人兴趣内容要尽量贴近招聘岗位。

◆学历及经历的年份可以按正常年历顺序写,也可倒过来写（如上例）。

例2

Situation personnelle

LI Ming

Né le 12 avril 1979 à Beijing

Nationalité : chinoise

Adresse : 5, rue Xidan, Beijing

Célibataire

Téléphone :

Email :

Etudes et diplômes

Licence de langue française obtenue en 2001 à l'Université...

Séjour d'études pendant un an en France en 2002

Expériences professionnelles

Guide-interprète à l'Office du tourisme de Beijing, de septembre 2002 à octobre 2004

Guide-interprète à l'Office du tourisme du Sud-Est, de novembre 2004 jusqu'à présent

Connaissances informatiques

Logiciels Word, Excel, PowerPoint

Langues étrangères

Français : bien maîtrisé (courant, écrit, parlé)

Anglais : courant, écrit, parlé

Allemand : écrit

Centres d'intérêt

la photographie, les littératures étrangères, la danse contemporaine

Responsable du Club de basket-ball du quartier

2.3 辞职信

当你在一个单位工作一段时间后，因为个人原因要离开，单位一般都要求写一份书面辞职信以备案。辞职信中一般不写具体的辞职原因，可以事先向有关人员口头说明。但日期一定要写明，并要留有备份件，以便发生争议时用作凭证。

下面介绍两例：

例1

Monsieur le Directeur,

Employé au service de comptabilité de votre entreprise, je vous présente ma démission du poste que j'occupe en qualité de comptable depuis le 1er octobre 1998.

Sachant que la durée de mon préavis est de deux mois, je quitterai le service de votre entreprise le 30 avril 2005.

Etant à l'heure actuelle à la recherche d'un emploi, je souhaiterais, comme il est prévu dans notre convention collective, m'absenter chaque jour pendant trois heures pour faciliter mes démarches.

Je vous en remercie et vous prie d'agréer, Monsieur le Directeur, l'expression de mes sentiments distingués.

Signature

参考译文

经理/厂长先生：

我是企业财务部门的员工，自1998年10月1日起担任会计职务，现向您提出辞职申请。

我将于2005年4月30日离职，按规定提前两个月通知企业。

目前由于要寻找新的工作，本人希望按照我们的合同允许我每天缺席三小时，以便顺利找到新工作。

不胜感谢，顺致敬意。

署名

例2

Prénom Nom

Lieu et date

Adresse

Au Directeur du Personnel de...

Adresse

Monsieur le Directeur,

J’ai l’honneur de vous présenter ma démission de l’emploi de... que j’occupe dans votre entreprise depuis le 5 décembre 2001.

Après l’expiration du délais de préavis d’un mois tel qu’il résulte du contrat de travail, pour ma profession, je serai libre de tout engagement envers votre entreprise à compter du 28 novembre 2006.

Veuillez avoir l’obligeance de préparer pour cette date mon solde de tout compte, ainsi que mon certificat de travail.

Je vous prie d’agréer, Monsieur le Directeur, l’expression de mes salutations distinguées.

Signature

参考译文

经理先生：

我在此谨向您提出离开XX岗位的申请，我自2001年12月5日以来担任该职。

根据工作合同，我将在一个月后，即2006年11月28日解除与贵企业一切劳务关系。

烦请届时结清财务，提供工作证明。

经理先生，请接受我真挚的敬意。

署名

2.4 推荐信

a. 请他人写推荐信

无论是在法国还是在中国，为增加应聘的保险系数，都可以请别人给你写封推荐信，你可以请朋友写也可以请前任雇主推荐。下面介绍一例：

Cher Monsieur,

L'agence de voyage... cherche actuellement, je viens de l'apprendre, un secrétaire et je souhaiterais vivement pouvoir obtenir ce poste, que je sais par ailleurs très demandé.

Vous m'avez dit un jour, il me semble, que le directeur de cette agence était l'un de vos amis : oserais-je vous demander, à vous qui connaissez ma formation et avez suivi depuis ses débuts ma vie professionnelle, de bien vouloir appuyer ma démarche par un mot de recommandation auprès du directeur de l'agence ? Je vous en serais infiniment reconnaissant.

Avec toute ma gratitude, veuillez agréer, cher Monsieur, l'assurance de mes sentiments respectueux.

Signature

参考译文

亲爱的先生：

我刚得知XX旅行社目前要招一名秘书，我非常希望得到该职位，但我知道应聘者很多。

我记得您曾和我说过这家旅行社的经理是您的一位朋友，我在此冒昧地请求您向该旅行社经理推荐我，因为您非常了解我的学业及工作经历。

如蒙推荐，不胜感激。谨致敬意。

署名

b. 推荐信

推荐信一般在一页纸内，简明扼要地说明被推荐者的能力及个人素质。详细情况用人单位会通过履历或面试去了解。请看以下两例：

例1

Cher Monsieur,

François Dupont, qui vous a téléphoné de ma part, m'a demandé d'appuyer sa démarche auprès de vous, ce que je fais bien volontiers.

Sa formation (4 ans à l' Université de...) et sa vie professionnelle (5 ans chez nous) l'ont admirablement préparé à occuper le poste que vous cherchez à pourvoir. Je le sais intelligent, efficace, responsable, organisé, plein d'idées, et je vous serais très reconnaissant de bien vouloir examiner sa candidature avec bienveillance.

En vous remerciant de ce que vous pourrez faire pour lui, je vous prie d'agréer, cher Monsieur, l'assurance de mes meilleurs sentiments.

Signature

参考译文

亲爱的先生：

我向您推荐弗朗索瓦·杜邦，他曾以我的名义给您去过电话，现在他让我再亲自向您说一下。

他具有的学历（XX大学本科毕业生）及工作经历（在我处工作了五年），使他完全有能力胜任您拟提供的那份工作。他聪明好学，办事讲究效率，对工作既负责任又井井有条，并且富有创新精神。烦请对他的应聘给予关照。

承蒙关照，不胜感谢。顺致敬意。

署名

例2

Monsieur,

Ayant appris que vous cherchiez une assistante pour vous seconder, je me permets de vous recommander Mademoiselle X, je connais cette jeune fille de longue date et j'ai pu apprécier son sérieux, son intélligence, son dévouement. Puis-je vous demander d'avoir l'amabilité de la recevoir ?

En espérant que vous considérerez cette candidate avec bienveillance, et en vous priant de m'excuser de cette démarche, je vous prie d'agréer, Monsieur, l'assurance de ma considération distinguée.

Signature

参考译文

先生：

听说您正在招聘一位女助理协助您工作，我冒昧向您推荐X小姐。我认识她很久了，这是一位认真、聪明、忠诚的年轻人。您能抽空和她面谈一下吗?

希望您能赏识这位候选人，并请原谅我的冒昧推荐。

谨致敬意。

署名

c. 感谢推荐人

当别人为你写了推荐信后，尤其是当你被聘用后一定要对推荐人或口头或书面表示谢意。下面列举一例：

Cher Monsieur,

Comment vous remercier de votre recommandation auprès du directeur de l'entreprise de... où je vais commencer à travailler dès la semaine prochaine ? Je vous en suis d'autant plus reconnaissant que j'ai appris – après coup – le nombre éffarant de candidats qui briguaient ce poste, et que j'imagine sans peine le poids qu'a pu avoir votre lettre dans la décision du directeur.

Croyez que je ferais tout ce qui sera en mon pouvoir pour ne pas décevoir votre confiance.

Avec toute ma gratitude, je vous prie de croire, cher Monsieur, à l'assurance de mes sentiments respectueux.

Signature

参考译文

亲爱的先生：

我下星期就去X企业工作了，非常感谢您向厂长推荐了我。尤其是事后我得知渴望得到这个职位的人很多，我能够想象到您的那封推荐信在厂长那里所起的决定性作用。

请相信我，我将尽力做好这个工作，不辜负您对我的信任。

再次向您表示衷心的感谢并致以崇高的敬礼。

署名

2.5 薪金及职务晋升

在一个单位工作一段时间后可能会对薪金、职务晋升等产生一些想法，从而向单位提出个人的加薪、晋级要求。书写这类信件，首先要慎重，要把必要的情况了解清楚之后再动笔，理由要充分。下面介绍两例：

例1 要求增加工资

Prénom Nom
Emploi occupé

Lieu et date
Au directeur de...
Adresse

Monsieur le Directeur,

Comme chaque année, en plus de l'augmentation salariale vous étudiez les demandes personnelles de vos employés.

Depuis que j'ai été engagé dans votre société le 1er janvier 1998 en tant que..., les conditions de mon salaire ont été reconsidérées le 1er janvier 2003 (date de votre dernière augmentation). Depuis, trois ans ont passé, je n'ai obtenu aucune augmentation au titre de mes qualités professionnelles. Ce qui m'amène à solliciter de votre bienveillance une réévaluation de mes appointements, que je pense mériter par l'efficacité de mon travail, mon sens des responsabilités, ma rigueur ainsi que mes compétences en matière de... (Donnez les raisons qui justifient votre augmentation.)

Dans l'espoir que vous accueillerez favorablement ma requête, je vous prie d'agréer, Monsieur le Directeur, l'expression de mes sentiments respectueux.

Signature

参考译文

经理先生：

每年除正常加薪外，您还会认真研究企业个人的一些要求。

我自1998年1月1日以来担任XX职务，只在2003年1月1日增加过一次工资（最后一次加薪）。此后，三年过去了，但工资一直未动。我认为一直以来我工作严谨，认真负责，效率高，在XX方面表现了卓越的能力。（写明要求加薪的具体理由）恳请领导研究我的情况，给予工资调整。

希望满足我的请求，谨致崇高的敬礼。

署名

例2　培训后要求晋升

Prénom Nom
Emploi occupé（很重要）

Lieu et date
Au Directeur
du Personnel de...

Monsieur le Directeur,

Je viens d'apprendre qu'un poste de... est à pourvoir et il me semble que la qualification que j'ai acquise, au cours du stage de formation que j'ai suivi du 18 janvier au 18 juillet 2006 au centre de formation de... correspond exactement à celle demandée pour exercer cette fonction.

Je vous informe donc que je suis candidat(e) à ce poste et je suis à votre disposition pour tout renseignement complémentaire.

Dans l'attente d'une réponse favorable, je vous prie d'agréer, Monsieur le Directeur, mes respectueuses salutations.

Signature

参考译文

经理先生：

刚刚获悉XX职位空缺，我觉得我于2006年1月18日至7月18日在XX中心所接受的培训，使我完全具有该职位所要求的职业素质。

我向您申请应聘该职位，并愿随时向您提供个人详细情况。

经理先生，期待您的答复，并向您致以崇高的敬意。

署名

2.6 工作证明

员工在与企业（单位）中断工作合同离开时可要求企业开具工作证明，在这类证明中，一般只对该员工做简单评价，并不提及个人缺点。列举两例供参考：

例1

Certificat de travail

Je, soussigné Erik Leblanc, directeur de la Société... certifie que Monsieur Alain Colas a bien été employé dans mon entreprise en qualité d'ingénieur, du 20 février 2001 au 30 juin 2006.

Il a toujours fait preuve d'une grande régularité dans son travail ainsi que d'une honnêteté irréprochable.

C'est au demeurant une personne dynamique, capable de prendre des initiatives.

Fait pour valoir ce que de droit.

Fait à Paris, le 30 juin 2006

Signature

工作证明

兹有X公司经理艾里克·勒博朗证明：阿兰·高拉斯先生于2001年2月20日至2006年6月30日为本公司工程师。

他工作勤勤恳恳，为人诚实正直。他朝气蓬勃，具有创新精神。

特此证明。

2006年6月30日于巴黎

署名

Certificat de travail

Entreprise :

Adresse :

Nous certifions avoir employé M. Durant Zhang, demeurant à... (adresse de l'employé) du 15 février 2002 au 30 mai 2006, en qualité d'ingénieur.

M. Durant Zhang nous quitte ce jour, pour convenances personnelles, libre de tout engagement.

Fait à Beijing, le 30 mai 2006

Signature de l'employeur

工作证明

企业名称：
地址：

兹有杜朗·张，住址：……，自2002年2月15日至2006年5月30日为我企业工程师。

自即日起，杜朗·张因个人原因离开本企业。

特此证明。

2006年5月30日于北京

雇主签名

2.7 其他

求职也可能成功，从而被要求面试；也可能被拒绝。工作期间也可能因为某种原因遭解雇。对于这些，用人单位一般都会书面通知，下面举几个例子，供阅读理解。

例1　预约求职者面试

Madame,

Nous avons bien reçu votre candidature pour un poste de secrétaire et nous vous en remercions.

Nous souhaiterions vous rencontrer, c'est pourquoi nous vous demandons de téléphoner à notre secrétariat afin de fixer un rendez-vous en vue d'un entretien.

Nous vous prions d'agréer, Madame, l'expression de nos sentiments distingués.

Signature

参考译文

夫人/女士：

收到您申请秘书一职的信件，谢谢。

希望能面谈一次，请给我们的秘书处打电话预约时间。

此致

敬礼

署名

例2　应聘未被录取的答复

Madame,

Nous avons bien reçu votre lettre du... sollicitant un emploi de secrétaire dans notre société, et nous vous en remercions.

Nous avons examiné avec attention votre candidature, mais malheusement, nous ne pouvons pour l'instant y donner une suite favorable.

Toutefois, dans le cas où un autre poste correspondant à votre profil viendrait à se libérer, nous conservons vos coordonnées dans nos fichiers.

Avec nos regrets, nous vous prions d'agréer, Madame, l'expression de nos sentiments les meilleurs.

Signature

参考译文

女士：

您X年X月申请竞聘秘书一职的来信收悉，谢谢您对我们的信任。

我们非常认真地研究了您的情况，但我们不得不遗憾地告诉您，目前我们无法对您的申请做出满意的答复。

不过，我们已将您的档案存档，将来如有适合您的职位空缺的话，我们会考虑安排的。

敬请原谅。顺致文安。

署名

例3 辞退信

先面谈，然后文字正式通知，辞退信一般会说明辞退原因。

Madame,

A la suite de notre entretien du 21 avril, nous avons le regret de vous confirmer votre licenciement pour faute grave.

En effet, vous n'avez pas tenu compte de nos nombreux avertissements relatifs à vos absences répétées. En outre, vous avez manifesté votre impatience et usé de termes grossiers avec un client, ce qui a provoqué un scandale dans tout l' hôtel. Ces faits constituent une faute grave et témoignent du non-respect du règlement intérieur et du contrat de travail.

En conséquence, à la réception de cette lettre, vous ne ferez plus partie de notre personnel.

Votre certificat de travail et votre reçu pour solde de tout compte sont à votre disposition au service du personnel.

Recevez, Madame, nos salutations distinguées.

Le Directeur des Ressources Humaines

(Signature)

参考译文

女士：

继我们4月21日的谈话之后，我们今天很遗憾地向您证实，鉴于您所犯的严重错误，您被辞退了。

辞退的原因是您无视我们对您的多次警告，连续旷工。此外，您对顾客的不耐烦及粗暴语言在宾馆造成了恶劣影响。这些错误是严重的，是对工作合同及内部规章条例的践踏。

因此，自接到此信起，您不再是我们的员工了。

请到人事部门领取工作证明并结清账。

此致

敬礼

人事处长

附录

招聘启事

求职首先要学会阅读各类招聘启事，你可以登陆有关网站查询，亦可从各类报刊中寻找，因为法国报刊上一般都登有招聘启事。在这些招聘启事中，一般都会注明所招聘的岗位及应聘者须具备的条件，有的还会直接写上该岗位的待遇（工资）。这些招聘启事有的是中介公司刊登的，有的则是企业（单位）自己刊登的。工作合同分长期（CDI）和短期（CDD）。

- CDI : contrat à durée indéterminée
- CDD : contrat à durée déterminée

例1 招聘总裁助理

Banque d'affaires françaises recherche pour son Président Directeur Général

UN(E) ASSISTANT(E) DE DIRECTION BILINGUE ANGLAIS

Chargée de la gestion de son agenda, de l'organisation de ses voyages et réunions et de tous les échanges avec ses interlocuteurs internes et externes, vous rédigez aussi bien en anglais qu'en français les contrats et participez aux réunions pour en rédiger les compte-rendus.

Profil

H/F
Expérience similaire.
Bac+3 minimum, vous avez une excellente culture économique et la capacité à communiquer avec des décideurs.
Ecrire à : TN CONSULTING.
En envoyant vos lettres de motivation, C.V. et Photo par MAIL.
（E-mail : tn-consulting@wanadoo.fr）

◆H / F : homme ou femme

参考译文

法国商业银行招聘总裁助理（精通英语、法语）。
工作：
· 安排总裁日常工作、出差及会议。
· 安排其与国内外同行（有关人士）的交流。
· 负责用英、法文起草合同。
· 参加各类会议，撰写会议汇报。
条件：
· 男女不限。
· 具有相关经历。
· 大学三年以上文化水平。
· 精通经济，并善于和决策者打交道。
有意者请致信：TN CONSULTING

电子邮件发送求职信、履历及本人照片。
（电子邮件地址：tn-consulting@wanadoo.fr）

例2 招聘人力资源部负责人

Responsable Ressources Humaines (H/F)

Cabinet de Recrutement ADECCO recrute pour un important Centre de Gestion en Maine et Loire (dans le cadre d'une création de poste) :

un Responsable Ressources Humaines

Vous prendrez en charge les différents domaines d'interventions de la fonction RH :
—Supervision de la paie / Etablissement de la paie / Obligations sociales.
—Gestion des compétences, des carrières et de la mobilité / Recrutements / Formation.
—Evaluation et valorisation des compétences des collaborateurs… véritable rôle de support auprès des Responsables de Services.
—Relations sociales : en étroite collaboration avec le Président, vous préparez et intervenez lors des réunions de CE...
—Communication interne.

De formation BAC + 3/5 en Ressources Humaines, Droit Social + Management, vous possédez une première expérience réussie dans une fonction RH généraliste dans un environnement plutôt tertiaire.
Connaissances informatiques : word, excel, logiciel de paie…

Informations complémentaires
Salaire : 25 000,00 EUR à 35 000,00 EUR par an
Type de poste: Plein temps, CDI
Référence: Responsable Ressources Humaines

Cabinet de Recrutement ADECCO
Fatima Dutour

Tel : XXX
Email : fatima.dutour@adecco.fr

◆CE : Comité d'entreprise

参考译文

招聘人力资源负责人（男女不限）

ADECCO招聘所为曼恩-卢瓦尔省一大型管理中心招聘一名人力资源负责人（新增岗位）。
负责涉及人力资源管理的各项工作：
• 制定工资，管理监督工资发放及交纳各种社会保险；
• 考察员工能力及工作表现，负责员工职务晋升、招聘、培训；
• 评估及提高合作者（员工）的能力，为各部门负责人提供有力的支持；
• 与总裁密切合作，企划和参加企业委员会的各类会议；
• 负责企业内部的沟通。

应聘条件：
大学3~5年学历（人力资源、社会法+企业管理专业），曾成功在服务性行业从事过人力资源管理工作，熟练操作计算机word, excel及工资软件。

年薪：25 000.00 至35 000.00 欧元
岗位性质：全职，长期合同

有意者请联系：
Cabinet de Recrutement ADECCO
Fatima Dutour
Tel : XXX
Email : fatima.dutour@adecco.fr

◆上面这则招聘启事标注了工资待遇。

常用语

求职应聘申请

J'ai pris connaissance de l'annonce que vous avez publié dans... par laquelle vous demandez...

En réponse à l'annonce parue dans le journal...du... sous la référence N°... je me permets de poser ma candidature pour l'emploi de...

J'ai l'honneur de présenter ma candidature à l'emploi de... actuellement disponible dans votre société...

Votre annonce parue dans le journal... du... a retenu toute mon attention...

Le poste que vous proposez correspond tout à fait à mes aspirations...

Je suis donc intéressée par...

Votre offre d'emploi pour un poste de..., dans une société de..., parue dans... m'a beaucoup intéressé.

Ayant appris par la presse que vous recherchiez... j'ai l'honneur de poser ma candidature pour ce poste.

Ayant appris il y a quelques jours par un ami que votre agence recherchait...je me permets de vous écrire pour poser ma candidature.

On m'a conseillé de prendre contact avec vous pour poser ma candidature à l'emploi de... que vous souhaitez pourvoir.

...est un domaine évolutif et prometteur, c'est pourquoi votre offre m'intéresse.

On m'a bien décrit le profil de ce poste dans les grandes lignes...

Je souhaiterais travailler en collaboration avec une équipe dynamique...

请参阅履历

Vous pourrez le constater dans le curriculum vitae ci-joint...

Vous trouverez dans le curriculum vitae ci-joint le détail de mes études et de mes activités professionnelles.

Ce sont les raisons pour lesquelles je me permets de vous écrire et de vous faire parvenir le curriculum vitae ci-joint.

Je joins à ma lettre un curriculum vitae.

Je joint à ma présente demande un curriculum vitae.

工资期望

Voici à combien s'élèvent mes prétentions :

Mes prétentions s'élèvent à... yuans (euros).

Le montant de mes prétentions s'élèvent à... yuans (euros) brut, par mois.

期望面试

Je suis à votre disposition pour vous fournir plus de détails lors d'un entretien...

J'espère ma candidature retiendra votre attention et je suis(me tiens) à votre disposition pour vous fournir plus de détails au cours d'un entretien...

Je me tiens donc à votre entière disposition pour vous exposer plus précisément, lors d'un entretien, mes motivations...

Aussi, je pense que ma candidature devrait retenir votre attention, et, je suis disponible pour répondre à votre convocation afin de vous détailler mon curriculum vitae ci-joint.

Je serais donc heureux(se) d'avoir plus d'informations à ce sujet lors d'une convocation...

求职信结尾

Dans l'attente de votre réponse, je vous prie de croire, Madame, Monsieur, en l'assurance de ma considération distinguée.

En attendant votre réponse, je vous prie d'agréer, Madame, Monsieur, l'expression de mes sentiments distingués.

Vous remerciant par avance de bien vouloir me faire connaître votre avis, je vous prie d'agréer, Madame, Monsieur, l'expression de mes sentiments distingués.

Dans l'espoir d'une réponse favorable, je vous prie d'agréer, Monsieur le Directeur, l'assurance de ma courtoise considération.

En espérant que ma canditature saura retenir votre attention et en attendant votre réponse favorable, je vous prie de croire, Monsieur, à l'expression de mes salutations distinguées.

辞职

Employé au service... de votre entreprise, je vous présente ma démission du poste que j'occupe en qualité de... depuis le...

J'ai l'honneur et le regret de vous présenter ma démission du poste que j'occupe actuellement...

Pour convenances personelles et pour respecter les textes de la convention collective de..., je vous prie de bien vouloir prendre note que je souhaite quitter mes fonctions de... le...
J'ai l'honneur de vous confirmer la démission que je vous ai présentée verbalement au cours de l'entretien que nous avons eu ce jour...
Sachant que la durée de mon préavis est de..., je quitterai le service de votre entreprise le...

工作证明

Nous certifions avoir employé M. (Mme, Mlle)... (nom de l'employé) demeurant à...
Je, soussigné X, directeur de la Société... certifie que...
Il a toujours fait preuve de...
Fait pour valoir ce que de droit.

致谢

Je vous en serais infiniment reconnaissant...
Avec toute ma gratitude, veuillez agréer,...
Avec toute ma gratitude, je vous prie de croire, cher Monsieur,...
Comment vous remercier de votre recommandation auprès du...
Je vous en suis d'autant plus reconnaissant que j'ai appris...
Je vous serais très reconnaissant de bien vouloir examiner la candidature de... avec bienveillance.

回复应聘（求职）申请

Nous avons bien reçu votre lettre du... sollicitant un emploi de...
Nous avons bien reçu votre lettre du..., ainsi que votre curriculum vitae inclus. Nous avons le plaisir de vous confirmer que...
Nous souhaiterions vous rencontrer...

Nous vous demandons de téléphoner à notre secrétariat afin de fixer un rendez-vous en vue d'un entretien.

Je vous confirme mon invitation à... en qualité de... pour une période de... mois à compter du...

Nous avons examiné avec attention votre candidature, mais malheusement, nous ne pouvons pour l'instant y donner une suite favorable.

Avec nos regrets, nous vous prions d'agréer, Madame, (Monsieur), l'expression de nos sentiments les meilleurs.

其他

Oserais-je vous demander de bien vouloir appuyer ma démarche par un mot de recommandation auprès du directeur de l'entreprise...

Il m'a demandé d'appuyer sa démarche auprès de vous, ce que je fais bien volontiers...

Sa formation et sa vie professionnelle l'ont admirablement préparé à occuper...

Je le sais intelligent, efficace, responsable, organisé, pleine d'idées...

Il a toujours fait preuve d'une grande régularité dans son travail ainsi que d'une honnêteté irréprochable.

J'ai pu apprécier son sérieux, son intélligence, son dévouement. Puis-je vous demander d'avoir l'amabilité de la recevoir ?

Le nombre éffarant de candidats qui briguaient ce poste...

J'imagine sans peine le poids qu'a pu avoir votre lettre dans la décision de...

Je ferais tout ce qui sera en mon pouvoir pour ne pas décevoir votre confiance...

Le poste que tu cherches à pourvoir...

第三章

求学信函

求学信函注意事项

所有的求学信函都是正式信函，格式与行政信函一样。特别要注意信函的抬头称呼不要有误，信函结尾致意部分用词要恰当得体。

如果不认识收信人，可以用Monsieur或Madame后面加职衔的方法开头，如：Monsieur le Directeur (le Recteur, le Professeur...)。

信函结尾致意部分一般常用Je vous prie d'agréer, Monsieur (Madame) le Directeur (la Directrice), l'expression de ma considération distinguée.

注意信纸只单用一面，标好页码如1/2，2/2。

3.1 注册申请书

1. 首先要搞清楚写信的对象，否则会浪费很多时间。一般学校里设有招生办公室或秘书处负责招生事宜。

2. 申请书不要写得太长，一般一页纸为宜。因为申请人很多，阅读者没有太多的时间和耐心仔细阅读太长的篇幅。

3. 在一页纸上要写清楚你所学习的专业是什么，你的专业水平如何，想到对方学校学习何种专业，原因、目的是什么，让对方感到你已具备入学资格并深爱自己所选择的专业。当选择出国学习的专业与自己现学的专业不对口时，一定要把改专业的动机、目的写清楚，还要写上在新专业方面是否具备基础知识。

4. 所有学校、专业、学位等名称都要写全称，不要出现缩写。

下面请看三个例子：

例1

Michel DURANT　　　　Montpellier, le 2 mars 2007

30, rue de la Vallée

Casablanca

MAROC

Tél : xxx

Email : xxx

Université de Monpellier

2, Place de la Paix

34080 Montpellier

Objet : Demande de dossier d'inscription

Monsieur le directeur du Service des inscriptions,

J'ai l'honneur de solliciter de votre bienveillance, mon inscription dans votre université en section d'application de physique. Je suis actuellement en troisième année d'enseignement secondaire, option «sciences expérimentales» , année équivalente à celle du baccalauréat en France.

Je vous saurais gré de bien vouloir me faire parvenir un dossier d'inscription, en me précisant, les pièces et informations nécessaires, en relation avec ma situation.

Je vous prie d'agréer, Monsieur le directeur, l'expression de ma considération distinguée.

Michel DURANT

参考译文

注册部门负责人先生：

我诚恳地请求您允许我在贵校应用物理专业注册。我现在是高三"实验科学"班学生，相当于法国中学全国会考这一年级的学生。

我将十分感谢您给我寄来注册表及与我情况相关的信息资料。

向您，负责人先生，致以崇高的敬礼。

米歇尔·杜朗

例2

WANG Gang　　　Beijing, le 2 mars 2007

6, rue Wangfujing

100006 Beijing

Tél : xxx

Email : xxx

Université de Montpellier

2, Place de la Paix

34084 Montpellier

Objet : Demande d'inscription

Madame, Monsieur,

J'ai l'honneur de solliciter de votre bienveillance mon inscription en deuxième cycle de langues étrangères.

J'ai déjà fait trois ans d'études de traduction d'interprétariat dans mon pays d'origine en anglais et français, comme l'attestent les diplômes et certificats ci-joints.

Je pense que ces éléments seront suffisants pour me rendre éligible à ce deuxième cycle, que je tiens particulièrement à intégrer.

Je suis bien entendu à votre disposition pour tout épreuve – test, entretiens – que vous jugeriez nécessaire au contrôle de mes connaissances.

Dans l'espoir d'une réponse favorable, je vous prie d'agréer, Madame, Monsieur, l'expression de mes salutations distinguées.

WANG Gang

参考译文

女士、先生：

我诚恳地请求您允许我在贵校注册外语学士阶段课程。

我在自己国家已经学习了三年英语和法语的口语翻译课，随信附上学业证书。我想这些证书足以证明我有资格进入这个阶段的学习，这是我特别期待的学习。

如果你们认为有必要对我的知识水平进行考核，不管是笔试还是面试，我都时刻恭候着你们。希望得到肯定的答复。

向您，女士、先生，致以崇高的敬礼。

王刚

注：法国旧学制大学第二阶段第一学年为学士阶段学习。

例3

Linda FLOUX　　　　Paris, le 23 juin 2006
53, rue Rochefort
75009 Paris

M. Claude DUPONT
Directeur du Département de
médiation culturelle
Paris 5,
12 rue Santeuil
75005　　　　Paris

Monsieur,

Je m'adresse à vous afin de vous faire part de mes motivations pour une inscription en licence de conception et mise en œuvre de projets culturels pour la rentrée 2007.

En lisant le descriptif du programme de licence, je pense avoir trouvé un parcours d'études convenant à ma situation personnelle et qui ne m'était pas offert dans mon pays. Je recherche une formation solide dans l'organisation de manifestations culturelles et votre département pourra m'apporter des connaissances essentielles dans ce domaine.

Comme diplôme français, j'ai une licence de lettres. En ce qui concerne mes savoir-faire, je possède une expérience variée dans la création et la performance de spectables vivants où j'ai mis à profit d'une part mes talents artistiques (théâtre et acrobatie) et d'autre part mes connaissances en langues et cultures étrangères. Par ailleurs, j'ai l'intention de faire un stage chez «Hors les murs» (organisme culturel) en juillet ; ainsi, je pourrais mieux m'intégrer à votre programme.

Vous trouverez ci-joint mon C.V. et je me tiens à votre disposition pour un futur entretien. Dans l'espoir d'être admise, veuillez agréer, l'expression de mes sincères salutations.

Signature

P.J : C.V et plaquette de spectacle.

参考译文

先生：

我给您写信是为了使您了解我的想法。我希望注册2007年度的文化学士课程。

阅读了学士课程目录后，我觉得找到了适合我个人情况的课程。我在自己的国家未曾找到此类课程。我寻求的是培养能够组织各种文化表现形式人才的课程，贵系的课程设置在这方面会使我获益。

我已经拥有了法语文学学士文凭。我的能力还表现在舞台演出创作方面具有很多经验及成绩。这是因为我一方面具有艺术天赋（戏剧和杂技），另一方面我有外语及外国文化的优势。此外我还准备7月份参加《墙之外》文化团体组织的培训班，以使我能更好地融入贵校的学习生活中。

随信附上我的履历，恳请您给我一次见面机会。等待被贵校接受的同时向您致以崇高的敬礼。

签名

附：个人履历及演出节目单。

3.2 填写注册申请表

各个学校的注册申请表格是不一样的。为了帮助读者填好这类表格，我们附上一份填好的法国政治学校2006—2007学年国际项目学生注册申请表供大家参考。

SCIENCES PO

CAMPUS DE PARIS

Dossier de candidature au Programme international du 1er cycle
Accord d'échange
2006-2007

NOM WANG

(en caractères d'imprimerie, complet et conforme au passeport)

Nom d'épouse ou d'usage : —

Prénoms : Fang

(tous les prénoms, dans l'ordre du passeport)

Date de naissance : 15 avril 1986 Sexe : F

(jour/mois/année)

Lieu de naissance : Province de Shandong en Chine

(ville, état ou province et PAYS)

Nationalité(s) : Chinoise Situation de famille : Célibataire

Adresse où vous souhaitez recevoir votre correspondance :
(indiquer une adresse valable jusqu'au ***15 juillet 2006****)* Chambre 201, Bâtiment 28 Université de Pékin 100871

☎ : 62763018 e-mail : wangf@hotmail.com

DUREE DE VOTRE SEJOUR ET PREPARATION DU DIPLOME DU PROGRAMME INTERNATIONAL :

Quelle sera la durée de votre séjour d'études à Sciences Po ? (Entourez votre choix)

- Premier semestre : oui non
- Deuxième semestre : oui non
- Les deux semestres : ~~oui~~ non, si oui, souhaitez-vous obtenir le diplôme du Programme international ? ~~oui~~ non

STAGE D'INTEGRATION :

Souhaitez-vous participer au stage d'intégration ? oui ~~non~~, si oui, remplissez la page ...

Quelle est votre (ou vos) langue(s) maternelle(s) ? le chinois
Quelle est la langue (ou les langues) dans laquelle (ou lesquelles) vous avez effectué vos études ?
le chinois et le Français

RESPONSABLE DE L'ECHANGE DANS VOTRE UNIVERSITE (Nom et Prénom) :
ZHAO Xiaochuan

Tél : 62757706 Fax : 63752283 e-mail : zhaoc@yahoo.com

Signature du responsable de l'échange dans votre université et tampon (obligatoires) :
Date : le 3 mars 2006

SCIENCES PO

CAMPUS DE PARIS

VOTRE PHOTOGRAPHIE

RENSEIGNEMENTS PEDAGOGIQUES

1) **Diplôme de fin d'études secondaires** :

- Titre exact du diplôme : Diplôme de fin d'études secondaires
- obtenu le 6 juin à *(ville et PAYS)* : Jinan en Chine
- préparé à *(nom de l'établissement d'enseignement secondaire)* : Lycée numéro 2 de Jinan

2) **Description des études supérieures** :

***RAPPEL** : Le Programme international est ouvert aux étudiants ayant accompli au moins deux années (4 semestres ou 120 crédits ECTS) d'études supérieures avec succès dans la même discipline (quelle qu'elle soit), dans un établissement d'enseignement supérieur étranger hors de France.*

Année universitaire	Nom de l'établissement (ville, pays)	Discipline(s) suivie(s)	Résultats Diplômes obtenus Indiquez les mentions s'il y a lieu
2005-2006 Semestre 1	Université de Pékin en Chine	la langue et la littérature françaises	Excellent
Semestre 2	"	"	Excellent
2004-2005 Semestre 1	"	"	Excellent
Semestre 2	"	"	Excellent
2003-2004 Semestre 1			
Semestre 2			

- Comment allez-vous financer votre séjour d'études en France (bourse, prêt, famille, activité professionnelle) ?
  J'aurai une bourse durant 12 mois
- Etes-vous boursier ? ~~oui~~ non
  Si oui, de quel organisme ? Ministère des Affaires Etrangères de France

SCIENCES PO

CAMPUS DE PARIS

- Pour quelles raisons souhaitez-vous effectuer un séjour d'études à Sciences Po ?

Je fais mes études du français depuis bientôt 2 ans. La France et sa langue m'intéressent chaque jour davantage. Mon rêve est d'aller en France afin de perfectionner mon apprentissage de la langue, sachant que je ressens fortement la culture de ce pays qui pour moi est très belle. L'École de Sciences Po est très réputée dans le monde et, elle garde une tradition d'ouverture internationale depuis sa création en 1872. Cette tradition a été renforcée ces dernières années par l'intégration importante des étudiants français et étrangers dans les mêmes cursus. Le nombre des étudiants étrangers atteint plus de 2000 en 2005, venus de plus de 45 pays, soit un tiers des étudiants. Ainsi, nous pouvons travailler dans des équipes multilingues et multiculturelles. C'est très favorable pour former des jeunes et donc cela m'attire profondément.

- Souhaitez-vous communiquer des informations supplémentaires qui vous semblent importantes dans le cadre de votre candidature à Sciences Po ? Je suis très dynamique, active dans mon travail et la vie. J'ai obtenu de très bonnes notes scolaires depuis l'école primaire et mes résultats à l'Université m'ont toujours classée à ce jour parmi les premiers. J'ai participé à beaucoup d'activités dans diverses associations universitaires : "Association Cœur-Amour" pour aider les invalides ; "Des amis de la nature" pour la protection de l'environnement ; "Association des Sihoyuan (les anciennes maisons sans étage de Pékin)" pour la protection des vieux quartiers. Je suis également sportive (volley ball) et chanteuse (Chœur de l'Université) et donc douée dans de nombreuses disciplines.

NOM et prénom : WANG Fang

Je certifie sur l'honneur l'exactitude des déclarations portées dans l'ensemble du dossier

Fait à Pékin Le 3 mars 2006

Signature du candidat : 王芳

SCIENCES PO

CAMPUS DE PARIS

Programme international du 1er cycle
ACCORD D'ECHANGE
2006-2007

FICHE D'APPRECIATION DU NIVEAU DE FRANÇAIS
(OBLIGATOIRE)

Merci de faire remplir cette fiche par un **enseignant de français** qui vous a suivi récemment.

Le candidat :

Nom : WANG .. Prénom : Fang

L'enseignant :

Nom : YANG Prénom : Mingguang ..
Titre : Professeur titulaire E-mail : yangmg@yahoo.com

I- Renseignements sur le candidat :

1- Depuis combien de temps étudie-t-il le français ? depuis septembre 2004

2- A quel niveau, par rapport à l'organisation de votre université ? supérieur ..

3- Quelle est votre appréciation sur sa maîtrise du français, à l'écrit et à l'oral ? bonne à l'écrit
moins bien à l'oral
mais elle maîtrise correctement la langue

II- Les enseignements du Programme International sont donnés pour la majorité d'entre eux, en langue française. Pour les suivre avec profit, un étudiant doit pouvoir :

1- Suivre des cours magistraux tout en prenant des notes qu'il pourra relire ; produire des travaux rédigés en français. Pensez-vous que le candidat :

- y parviendra sans difficulté ☐
- y parviendra après une période d'adaptation ☒
- aura les plus grandes difficultés à y parvenir ☐

2- Participer, dans des groupes de 15 à 20 étudiants, à des discussions et présenter des exposés oraux devant ses camarades. Pensez-vous que le candidat :

- y parviendra sans difficulté ☐
- y parviendra après une période d'adaptation ☒
- aura les plus grandes difficultés à y parvenir ☐

杨明光

Date et signature de l'enseignant : le 5 avril 2006

Fiche à compléter par l'enseignant et à remettre au candidat qui la joindra au dossier.

参考译文

政治学院巴黎校区

2006—2007国际项目候选人表格

姓：王
（印刷体，全称，与护照一致）
婚后姓或惯用姓：无
名：芳
（写出所有名字，顺序与护照一致）
出生日期：1986年4月15日　　性别：女
（日、月、年）
出生地点：中国山东省
（城市或省、国家）
国籍：中国　　婚姻状况：未婚
通讯地址：100871　北京大学28楼201室
（2006年7月15日前有效地址）
电话：6276 3018
电子邮件：wangf@hotmail.com

逗留时间及准备获得的国际项目证书

在政治学院里学习：
第一学期　是　　否
第二学期　是　　否
两个学期　是×　　否　　如果在这一栏里选择“是”，希望获得国际项目文凭吗？
是×　否

融合培训班

希望参加融合培训班吗？　　是　　否×　如果选择“是”，请填写第x页表格。

您的母语是：中文

您在校学习时使用的语言是：中文和法文

贵校的交流项目负责人的姓和名：赵小川

电话：62757706　　　　　　电传：63752288

电子邮件：zhaoc@yahoo.com

负责人签名及盖章（必须遵行）：

日期：2006年3月3日

注：法国人在做选择时，往往用“×”表示他愿选择的项目，而不是像中国人用打“√”来表示选择。

学习情况

（1）高中毕业证书

—毕业证书名称：高中毕业证书

—获得证书时间：6月6日

—地点：（城市、国家）中国　济南

—获得证书的学校名称：济南第二中学

（2）大学学习情况

注意：国际项目招生对象是在法国之外的高等学校上过至少2学年（4个学期或获得120学分）的课程并考试合格者（所学专业不限）。

学年	学校名称	所学专业	学习成绩（评语或所得证书）
2005—2006			
第一学期	北京大学	法语语言文学	优秀
第二学期	..	..	优秀
2004—2005			
第一学期	..	..	优秀
第二学期	..	..	优秀
2003—2004			
第一学期			
第二学期			

*如何资助您将来在法国的学习？（奖学金、贷款、家庭资助、兼职）

我获得了12个月的奖学金。

*您是奖学金获得者吗？　　是×　　否

哪个机构的奖学金？　法国外交部的奖学金

*希望到政治学院学习的理由是什么？

我学习法语很快就两年了。法国这个国家和她的语言每天都在吸引我。我的梦想就是到法国进修我的语言和亲身感受她的优美文化。政治学校在国际上享有盛誉。从1872年建校以来她一直面向世界开放。这个优良传统由于最近几年实行的法国学生与外国学生同班授课而得以强化。2005年的外国学生达到2000人，来自45个国家，占学生总数的三分之一。这样我可以在一个多语言、多文化的群体中学习，这对培养青年人十分重要，令我十分向往。

*您还有重要的补充吗?

我在工作及生活中是个积极向上的人。从小学起我的学业一直十分优秀。大学里我的学习成绩在班里始终名列前茅。同时我还参加了大学里的许多学生团体活动，如帮助残疾人的“爱心社”，保护自然环境的“自然之友”，保护北京古老街区的“四合院”（北京的老平房）。同样我也喜爱体育运动（排球）、文艺活动（学校合唱团成员）等其他课外活动。

姓名：王芳

我以个人名誉确保填写内容真实。

于：北京

2006年3月3日

候选人签名：王芳

语言水平评价（必须填写）

请将此页交给近期为您授课的法语教师填写。

候选人:

姓：王　　　　　　　　名：芳

教师:

姓：杨　　　　　　　　名：明光

职称：教授　电子邮件：yangmg@yahoo.com

* 候选人学习情况:

1. 候选人何时开始学习法语?

   从2004年9月

2. 在学校中属何等水平?

   高等

3. 对候选人的口语、笔语能力评价如何？

笔语很好，口语略逊一些，有驾御语言的能力。

* 国际项目的大多数课程用法语授课，因此学生必须能够：

1. 跟上主要课程并做出清晰笔记，用法文写出作业。您认为此候选人：

—达到此要求无困难　□

—适应一段时间后会达到此要求　□×

—达到此要求会有很多困难　□

2. 在15人至20人的班级里参加讨论及做口语陈述，您认为此候选人：

—达到此要求无困难　□

—适应一段时间后会达到此要求　□×

—达到此要求会有很多困难　□

教师签名及日期：杨明光

2006年4月5日

3.3 推荐信

有的法国学校注册时需要原学校教师的推荐信。推荐信主要应写出被推荐人的学习能力如何。被推荐人的其他能力也应写上，但着墨不可过多，以避免喧宾夺主。褒奖之词要适当，应实事求是。推荐信的篇幅也以一页为限。下面请看两个例子。

例1

Beijing, le 25 octobre 2006

Madame, Monsieur,

J'ai le vif plaisir de vous recommander Monsieur XX. Il a suivi mes cours de «La grammaire de français» pendant un an.

Quand il était au lycée, il a remarqué que beaucoup de mots anglais sur le plan culturel et scientifique étaient originaires du français, d'où son intérêt pour la langue et la culture françaises. Une fois entré à l'Université de XX, il s'est inscrit aussitôt que possible aux cours de français.

Dans mes cours, il s'est fait remarquer par son intelligence, son esprit ouvert et son sérieux au travail. Ses résultats scolaires l'ont toujours classé parmi les 5 premiers dans une classe d'une soixantaine d'élèves.

Grâce à la lecture de romans et de journaux en français après les cours, il possède une base solide de connaissance sur l'histoire, la culture et la société française. En gardant des contacts étroits avec des professeurs et étudiants français, il a fait beaucoup d'efforts pour la compréhension et l'expression orales.

D'après ses études françaises, il a remarqué que les échanges scientifiques entre la Chine et la France laissent beaucoup à désirer. Etant étudiant en biologie, il souhaiterait apporter sa contribution dans ce domaine. Voilà le motif principal concernant son désir de poursuivre ses études en France.

J'espère que Monsieur XX aura un avis favorable de votre part et qu'il pourra continuer ses études dans votre établissement. Il vous procurera, j'en suis certaine, toute satisfaction et en même temps votre formation lui permettra d'exercer son talent et de développer ses compétences.

Veuillez agréer, Madame, Monsieur, l'expression de mes sentiments dinstingués.

XX

Professeur de français

Université de XX

参考译文

女士、先生：

我十分高兴地向您推荐XX先生，他上我的“法语语法”课有一年时间。

当他还在高中时，他发现在文化、科技方面有不少英文词的词源是法语，这使他对法国的文化、语言产生了很大兴趣。当他进入XX大学后便很快选修了法语课程。

在我的课上，由于他的聪明、开朗和认真使他表现出众。他的学习成绩总是在前五名之列，这个班共有60多名学员。

由于课下他经常阅读法文小说和报刊，使他对法国的历史、文化、社会有比较全面的了解。为了具有良好的听说能力，他经常接触在校的法国教员及学生。

在学习法语中，他看到了中法两国在科技交流方面还很薄弱。作为生物系学生，他希望有一天能在这方面作出他的贡献。这也是他想到法国继续学习的重要原因。

我希望XX先生能够得到您的支持，能够到贵校学习。我深信他会使您满意的。同时，贵校的教育会使他的才华得到更大的发展。

致以崇高敬礼

XX

法语教授

XX大学

例2

Beijing, le 4 mai 2006

Madame, Monsieur,

A l'occasion du recrutement d'élèves dans votre établissement, j'ai le vif plaisir de vous recommander Mademoiselle XXX qui est une exellente étudiante.

Dès l'époque du lycée, elle se démarquait de ses camarades et ses résultats scolaires l'ont toujours classée parmi les premiers du lycée.

Pour preuves :

—ses articles publiés dans le *Journal de Hangzhou* et la revue du *Ciel Etoilé*.

—son premier prix du concours de chimie organisé par l'Association de Chimie de Hangzhou.

—son prix de meilleure directrice de troupe de théâtre grâce à la représentation de «Orage».

—son statut de membre de la Délégation des représentants des jeunes de la ville de Hangzhou lors de la visite du Japon.

—son titre de meilleur cadre des élèves depuis de nombreuses années.

Après avoir été reçue 27ème de la province de Zhejiang au concours national de l'année 2004 à l'Université de XX, elle garde encore les meilleures notes scolaires de sa classe. Aimant la vie communautaire, elle est très aimée de ses camarades. Durant son parcours universitaire, elle a participé au concours national de l'éloquence en français comme représentante de l'Université de XX en avril 2006. Avec des élèves, elle a organisé une activité «Le débutant de français» pour généraliser le français en octobre 2005 ; un festival de la culture française en février-juin 2005 ; la fête des vins français «Goûter la France» en novembre 2004. Elle a de très bonne connaissance en anglais et en ordinateur. Elle aime : le sport et pratique le basket-ball, la gymnastique, la natation et le ping-pong ; les arts, gravure de sceaux, peinture traditionnelle chinoise et argumentation. En un mot Mademoiselle XX est douée dans de nombreuses disciplines entre autres dans mes cours «L'histoire de la France» et «L'aspect général sur la société française».

Je souhaite que Mademoiselle XX réussisse à votre admission et qu'elle puisse bénéficier de vos conseils qui lui seront, sans aucun doute, les plus précieux.

Veuillez agréer, Madame, Monsieur, l'expression de mes sentiments distingués.

XXX

Professeur de français

Université de XX

参考译文

女士、先生：

值此贵校到我校招生之际，我荣幸地向您推荐我的学生XX，这是一位非常优秀的学生。

在高中期间她就表现突出：学习成绩名列全校第一；开始在《杭州日报》、《繁星》杂志上发表文章；获得过杭州市化学学会组织的化学竞赛一等奖；因话剧《雷雨》获得最佳剧社社长奖；曾作为杭州青少年访日代表团成员访问日本；多年来一直是优秀学生干部。

以浙江省全省第27名的高考成绩进入XX大学后，学习成绩依然非常优秀。由于关心班集体，因而深受同学喜爱。在大学期间代表XX大学参加过全国法语演讲比赛（2006年4月），与其他同学一起组织了"法语零起点"的法语推广活动（2005年10月），法国文化节（2005年2—6月），"品味法兰西"法国葡萄酒节（2004年11月）等等。她的英语水平和计算机技能都很强，同时她还喜爱和参与体育运动（篮球、体操、游泳、乒乓球），也酷爱艺术（篆刻、国画、辩论）。总之，她是一个多才多艺、全面发展的好学生。她在我的"法国历史"和"法国概况"课上的表现也证明了这一点。

我希望她能得到您的支持和帮助，我确信这对她来说是非常珍贵的。

女士、先生，向您致以崇高的敬礼。

XXX
法语教授
XX大学

3.4 学习计划书

写学习计划书前最好能先阅读一下申请学校的课程设置表，这样针对性比较强。如果得不到课程表也应写清楚自己想学习的课程范围及为什么选学这些课。最后最好写上学完之后对自己回国发展将会有什么益处。下面请看一例教师出国进修的学习计划书。

Programme d'études

Je suis enseignante de français depuis deux ans. Dans mon travail, je trouve que la théorie linguistique joue un rôle très important dans l'enseignement des langues. Cependant, elle me manque dans ma formation. Je voudrais suivre d'abord des cours de théorie linguistique à savoir :

1. linguistique général
2. phonétique de la langue française
3. phonologie

Dans mon Ecole, les apprenants de français ont les caractères suivants :

1. La plupart d'entre eux ont comme spécialité les sciences naturelles.
2. Tous les apprenants ont déjà une base solide de l'anglais.
3. Les heures de cours de français sont restreintes (4 heures / semaine) par rapport à l'objectif.

Aussi je voudrais encore suivre des cours ou rencontrer des spécialistes me permettant d'approfondir les sujets suivants :

1. Découvrir de nouvelles méthodes pédagogiques pour des étudiants de sciences naturelles et des étudiants ayant une formation d'anglais.
2. Trouver des manuels adéquats aux différents besoins des apprenants.
3. Discuter de l'utilisation du multimédia dans l'enseignement de la langue française.

En même temps, je pourrai perfectionner mon niveau de

la langue française et mieux connaître la France. Tout cela me permettra, dans un futur proche, d'améliorer l'enseignement du français dans mon école.

学习计划书

我从事法语教学工作已有两年了。工作中我感觉到语言学理论在外语教学中起很大的作用，但在这方面我知之甚少。因此我希望首先学习一些有关语言学理论方面的课程，如：

1. 普通语言学
2. 法语语音学
3. 音位学

在我的学校里，学习法语的学生有以下特点：

1.他们中大部分是学习自然科学的学生。
2. 他们已有良好的英语基础。
3. 学习法语的时间很有限，每周仅4课时。

因此我想再学习或与一些专家探讨以下问题：

1. 针对学习自然科学和已有英语基础的学生的教学方法。
2. 寻找适合不同需要的教材。
3. 探讨多媒体在法语教学中的应用。

借此机会我还可以提高我的法语水平及更好地了解法国，这些都对我今后的法语教学工作非常有利。

3.5 求学类证明信

求学类证明信件一般都有固定格式，因此只要遵循约定俗成的格式便可以了。

这是一份中文的大学毕业证书的翻译件：

DIPLOME DE FIN D'ETUDES

Nom :　　　　　　　　Prénom :

Date de naissance :

Lieu de naissance :

Diplômé(e) après avoir fait ses études de septembre 2004 à juillet 2008 avec des notes répondant à toutes les conditions requises par les programmes pédagogiques de ces quatre années dans le Département du français, Institut des langues étrangères de l'Université XX.

Directeur de l'Université

XXX

Fait le 5 juillet 2008

参考译文

毕业证书

学生 XX，系XX省XX市（县）人，某年某月某日出生，于2004年9月入本校外国语学院法语系学习四年，按教学计划完成全部学业，成绩及格，准予毕业。

校长XXX

2008年7月4日

下面是一份中文的学士学位证书翻译件：

CERTIFICAT DE LICENCE

Nom : Prénom :

Date de naissance :

Lieu de naissance :

Diplômé(e) après avoir fait ses études de septembre 2004 à juillet 2008 avec des notes répondant à toutes les conditions requises dans le Département du français, Institut des langues étrangères, Université XX.

Obtenu la licence es lettres conformément aux «Règlements des grades universitaires de la République populaire de Chine».

Directeur de l'Université : XXX

Président du Comité de l'autorisation

Des grades universitaires : XXX

Fait le 5 juillet 2008

参考译文

学士学位证书

学生XX，系XX省XX市(县)人，于某年某月某日出生，在XX大学外国语学院法语系修业四年，成绩合格，准予毕业。经审核符合《中华人民共和国学位条例》的规定，授予文学学士学位。

校长：XXX

学位委员会主席：XXX

2008年7月5日

下面是一封法国使馆文化处开具的法语水平证明：

ATTESTATION

Le Service Culturel près l'Ambassade de France à Pékin certifie que le niveau de français oral et écrit de Monsieur XX, né le 6 août 1985, lui permet de suivre des études supérieures en France.

Cette attestation est délivrée pour servir et valoir ce que de droit.

Signature : XX

Pékin, le 23 mai 2008

证 明

法国使馆文化处证明出生于1985年8月6日的XX先生的法语口语、笔语水平达到接受法国高等教育的要求。此证明具有法律效用。

签字：XX

2008年5月23日，北京

附件：

此处收录了几份法方开具的证明信，希望对读者有一些参考价值。

附件1，这是一份录取证明信：

Paris, le 5 avril 2006

CERTIFICAT de SCOLARITE

Le Secrétaire général de l'Université de Paris V certifie que :

Monsieur XX

Né(e) le 6 août 1980

A Beijing

Est régulièrement inscrit(e) à l'Université Paris V

Sous le numéro : xxxxxx

Pour l'année universitaire 2006—2007, en première année du premier cycle Droit.

Le Secrétaire général : (signature)

(adresse)

录取证明

巴黎第五大学秘书长证明XX先生，1980年8月6日出生于北京，已在我校法律系正式注册2006—2007学年第一阶段一年级课程。学号为xxxxxx。

秘书长：（签字）

（学校地址）

附件2，下面是两份银行开具的担保人经济状况的证明信：

例1

CENTRE FINANCIER DE LA POSTE
75900 Paris CHEQUES

Paris, le 12 mars 2006

ATTESTATION

Je soussigné, M. SUIRO François, Directeur des Services Financiers de Paris Montparnasse, certifie que le compte chèques postal n° 123456 c a été ouvert le 06. 04. 1983 à :

—Mme COCOS Patricia
9, rue Bénette
91250 FONTENAY AUX ROSES.

Remarques sur le fonctionnement du compte :
Crédit régulier mensuel de plus de 3500 euros.

P. le Directeur, (signature)
Danièle JABELIN

参考译文

邮政金融中心
巴黎，2006年3月12日

证明信

佛朗索瓦·叙侯，巴黎蒙伯那斯金融部主任证明居住在风特奈–欧–厚滋市贝奈特街9号的芭特夏·高高女士于1983年4月6日在我行开户，账户号码为123456c。此账户运行良好，每月有超过3500欧元入账。

为主任代行签字：（签字）
达尼艾尔·亚伯兰

例2

Paris, le 06 mai 2003

ATTESTATION BANCAIRE

Nous soussignés, SOCIETE GENERAL, 28 rue d'Assas 75006 Paris, attestons que Madame Isabelle LEBOIX a bien un compte ouvert dans nos livres depuis le 12 octobre 2000.

Cette attestation est délivrée à la demande de notre client pour servir et valoir ce que de droit.

Le Directeur de l'Agence Société générale
(Signature)
28, rue d'Assas 75006 Paris

参考译文

位于巴黎阿萨街28号的信业银行证明伊萨贝拉·勒伯瓦女士于2000年10月12日在我银行开户存款。

此证明应客户要求开具，具有法律效力。

信业银行营业部主任（签名）
巴黎阿萨街28号，75006

附件3，以下是一份住房担保证明。

REPUBLIQUE FRANCAISE
CERTIFICAT D'HEBERGEMENT
Département n° 00 03 013
Haut de Seine
Arrondissement
Antony
Commune
Fontenay-aux-Roses

Je soussigné(e)
Nom : *COCOS*
Prénom : *Patricia*
Né(e) le *21-03-54* à *Boulogne*
Nationalité : *française*
Demeurant à *9 rue Bénette 91250 Fontenay-aux-Roses*
Téléphone : *0112345678*

Certifie pouvoir héberger lors de son séjour en France
Pendant une durée de *un an*

Entre le *10 septembre 2006*

et le *10 septembre 2007*

Le ressortissant étranger *ci-dessous désigné*

Nom : *WANG*

Prénom : *Yi*

Né(e) le *15 avril 1982* à *Beijing* *CHINE*

Nationalité : *chinoise*

Lien de parenté avec le demandeur : *ami*

Domicile actuel : *83 Fuxinlu Beijing 100056*

Téléphone : *1234 5678*

Dans le logement dont les caractéristiques d'hébergement figurent ci-dessous

Adresse : *9, rue Bénette 91250 Fontenay-aux-Roses*

Dont je suis (cochez) *locataire*

Propriétaire ×

Superficie totale du logement *123 m²*

Nombre de pièces *5*

Occupants du logement au moment de la visite de l'étranger (précisez l'âge et lien de parenté)

Alain DUPONT 48 ans, époux. Patricia COCOS 42 ans, épouse

Paul DUPONT 15 ans, fils

Occupants temporaires : *WANG Yi*

J'atteste sur l'honneur l'exactitude des renseignements portés ci-dessus.

Signature : *Patricia COCOS*

Je suis informé(e) de ce que, sur la demande éventuelle du Maire, un agent de l'Office des migrations internationales peut venir procéder à mon domicile à une vérification de la réalité des conditions d'hébergement et je déclare donner mon consentement à cette visite.

Signature : *Patricia COCOS*

Fait à *Fontenay-aux-Roses* le *15-03-2006*

Vu par le Maire de la commune de *Fontenay-aux-Roses*

Fait le *15 juin 2006* par *Michel FONS*

Signature : Cachet : Timbre fiscal :

参考译文

住房证明

证号 00 03 013

姓：高高 名：芭特夏

出生日期：1954年3月21日 于：布洛涅

国籍：法国

居住地：91250风特奈-欧-厚滋市 贝奈特街9号

电话：0112345678

证明能够在他逗留法国期间提供住处

为期：一年

从：2006年9月10日 至：2007年9月10日

以下为外国人情况

姓：王　　　　　　　　　　　　　　　名：仪

出生日期：1982年4月15日　于：中国　北京

国籍：中国

与申请人关系：朋友

现住址：北京复新路XX号　　1000XX

电话：12345678

以下为申请人住房情况

地址：风特奈-欧-厚滋市　贝奈特街9号　91250

我是（打勾）：租房户

业主×

外国人居住期间同一居住地其他人情况（注明年龄及关系）

阿兰·杜邦，48岁，丈夫

芭特夏·高高，42岁，妻子

保罗·杜邦，15岁，儿子

临时居住人：王　仪

我以个人名誉保证上述内容属实。

签名：芭特夏·高高

我被告之，应市长要求，可能会有国际移居办公室的官员到我居住处核实居住条件，我声明同意他的访问。

签名：芭特夏·高高

于　风特奈-欧-厚滋　2006年6月5日

由　风特奈-欧-厚滋　市长批阅

于　2006年6月15日　　　　代行签字：米歇尔·冯
签字：　　　印章：　　　　印花税票：

3.6 奖学金申请书

奖学金申请书的格式同注册申请的格式一样，同属于行政格式范畴。主要内容要先介绍自己目前的学习状况，而后写因财务问题需要奖学金资助方能完成学业，请求给予奖学金帮助。文字同样需要简洁明了。下面提供两个例子供参考。

例1

Michel DURANT　　　　　　　　Paris, le 3 mai 2006
30 rue de la Vallée
Paris
Tél : xxx
Email : xxx

La Direction de l'Université de XX
X rue de XXX
Paris

Thème : une demande de bourse d'études

Madame, Monsieur,

Au terme de mes études de linguistique m'ayant permis d'acquérir les fondamentaux de cette discipline, j'ai choisi comme voie professionnelle : enseignement de l'anglais.

Plusieurs stages, éffectués dans les écoles m'ont confirmé dans mon affinité pour cette profession et il me faut actuellement accomplir un ultime cycle avant d'entrer de plain pied dans une carrière durable.

Je suis conscient, et l'état de mes ressources directes tel qu'attesté par le présent dossier, ne me permettra pas de supporter raisonnablement toutes les charges que va m'imposer ce cycle d'enseignement. Je sollicite donc votre bienveillance en vue d'obtenir une bourse qui me permettrait de compléter mes ressources, à ce jour insuffisantes.

Je vous prie de croire, Madame, Monsieur, en l'assurance de ma considération distinguée.

Michel DURANT

参考译文

女士、先生：

语言学学习使我获得了这门学科的基础知识，我选定英语教师作为我的职业。

在学校里的实习更加坚定了我对这个职业的选择。在即将踏上职业征途前我还有最后一个阶段的课程要学习。

但我清楚我个人的财产状况是无法让我学完这最后阶段课程的，随信附上我的财产状况证明。我请求您能够给我一笔奖学金以弥补我的资金不足。

向您，女士、先生，致以最崇高的敬礼。

米歇尔·杜朗

例2

Michel DURANT
30 rue de la Vallée
Paris
Tél : xxx
Email : xxx

Paris, le 3 mai 2006

CROUS
X rue de XXX
Paris

Objet : Demande de dossiers pour une bourse et un logement étudiant

Madame, Monsieur,

Je viens de passer avec succès mes examens de fins d'études secondaires et intègre l'année prochaine à l'université de XX.

Disposant de modestes ressources, je compte compléter un dossier de demande de bourse et souhaite par la même occasion faire une demande pour un logement étudiant. Je vous remercie par conséquent de me faire parvenir une documentation sur les résidences proposant ces types d'appartement ainsi qu'un dossier de demande de logement.

Dans cette attente et vous remerciant de toute la favorable attention que vous porterez à la présente, veuillez recevoir Madame, Monsieur, l'expression de mes respectueuses salutations.

Michel DURANT

参考译文

女士、先生：

我刚通过了高中会考，明年将进入XX大学学习。

由于微薄的生活来源，我打算申请奖学，金同时申请学生住房。如果能给我寄来住房申请表及有关住房资料将不胜感谢。

在等待回复的同时我感谢您对这封信的关注。

女士、先生，请接受我最崇高的敬礼。

米歇尔·杜朗

附录

常用语

注册申请：

J'ai l'honneur de solliciter de votre bienveillance, mon inscription dans votre université...

Je m'adresse à vous afin de vous faire part de mes motivations pour une inscription en licence de...

Je vous saurais gré de bien vouloir me faire parvenir un dossier d'inscription...

J'ai l'intention de faire...

En lisant le descriptif du programme de..., je pense avoir trouvé un parcours d'études convenant à ma situation personnelle.

Je pense que ces éléments seront suffisants pour me rendre éligible à...

Je suis bien entendu à votre disposition pour tout épreuve – test, entretiens – que vous jugeriez nécessaire à...

Dans l'espoir d'être admise, veuillez agréer, ...

Dans l'espoir d'une réponse favorable, ...

Je me tiens à votre disposition pour...

Je vous remercie par avance de votre bienveillance...

求学推荐信：

J'ai le vif plaisir de vous recommander Monsieur XX.

Il s'est fait remarquer par son intelligence, son esprit ouvert et son sérieux au travail...

J'espère que Monsieur XX aura un avis favorable de votre part.

Voilà le motif principal concernant son désir de poursuivre ses études en France.

Il possède une base solide de connaissance sur...

Il vous procurera, j'en suis certaine, toute satisfaction...

Ses résultats scolaires l'ont toujours classée parmi les premiers de...

Je souhaite que Mademoiselle XX réussisse à votre admission...

学习计划书：

Je trouve que la théorie linguistique joue un rôle très important dans...

...me manque dans ma formation...

Cela me permet d'approfondir les sujets suivants : ...

Je voudrais suivre des cours de...

Je pourrai perfectionner mon niveau de...

Tout cela me permettra, dans un futur proche, d'améliorer...

求学证明信：

(quelqu'un ou un établissement) atteste que...

(quelqu'un ou un établissement) certifie que...

être diplômé(e) après avoir fait des études...

Cette attestation est délivrée pour servir et valoir ce que de droit.

奖学金申请：

Je viens de passer avec succès mes examens de... et intègre l'année prochaine à l'université de XX.

...dispose de modestes ressourses...

Je suis conscient que l'état de mes ressources directes tel qu'attesté par le présent dossier, ne me permettra pas de supporter toutes les charges...

Je sollicite donc votre bienveillance en vue d'obtenir une bourse.

Une bourse qui me permettrait de compléter mes ressources, à ce jour insuffisantes.

Disposant de modestes ressources, je compte remplir un dossier de demande de bourse...

Dans cette attente et vous remerciant de toute la favorable attention que vous porterez à la présente, veuillez recevoir...

第四章 商业书信

商业书信须知

尽管企业各种现代通讯手段丰富（电子邮件、传真、电话等），但仍有大量普通信件往来。即使是发电子邮件或传真也脱离不了普通商业书信的格式及用语。因此，学会正确书写商业书信仍然非常重要。下面简单说一下书写商业书信需要注意的事项：

1. 字迹要清楚，尽量不要手写。

2. 商业书信要让阅信者一目了然。因此它应该简短、精确 。叙述准确，直截了当，切忌模棱两可。比如：
不应写："en réponse à votre lettre"，而要写："en réponse à votre lettre du 7 septembre 2006"。不应写："à notre prochain passage"，而要写："à notre prochain passage le 5 janvier"等等。

3. 书信开头避免使用"je"或现在分词。还要避免使用太口语化的词句，或者太专业、太复杂的专业用语。同时不要滥用长句、副词，或关系代词、太过庄重的词句，拐弯抹角的话语也要避免。

4. 男性之间通信，可称呼Monsieur；如果比较熟悉，可写Cher Monsieur；男性写信给女性，一般称呼Madame，避免使用 Chère Madame 。

但如果是一封广告性质的信函，企业为了拉近与顾客的关系，往往会称呼Cher client et ami 或 Chère amie等。

5. 供货商对顾客常用：mes sentiments dévoués或mes sentiments respectueux。

商业书信基本格式

如果是以企业或公司名义撰写商业书信最好使用企业或公司专用信纸，信纸上端或左上端一般印有企业名称、地址、电话、传真、电子邮件地址及企业或公司的商标等。企业或公司注册资本可出现在信纸左上端或信纸最下端。信纸颜色的选用要符合企业形象（白色或彩色均可）。

右上方写发信日期及地点。在日期下方写上收信人，或将日期写在收信人下方。注意收信人称呼要写全：Monsieur, Madame, Mademoiselle；而不要写成M, Mme, Mlle。

商业书信一般都有“编号”（référence）。此外，“事由”（objet）也是必不可少的，这样既让收信人对信的内容一目了然，又方便归档、查阅。

署名离正文距离不要太远，以避免有人随意添加东西。

ATELIERS METALLO
55, rue de Bâle - 67100 STRASBOURG
Téléphone : 03 88 63 73 12 - Fax : 03 88 63 72 14

Quincaillerie Lafont et Fils
12, rue de Belfort
68200 MULHOUSE

Strasbourg, le 2 juillet ...

N/réf. : J-LR/OS/312
Objet : réclamation facture n° 225
PJ : photocopie facture

Messieurs,

J.-L. Ribaudeau

Société à Responsabilité Limitée au capital de 150 000 F - RCS B 482 300 148 Strasbourg

商业书信范例

本章将向读者介绍商务活动中最常见的一些应用文范例。

4.1 订货

作为订购商品的信件，应将所订购的商品的各项事宜尽可能写清楚，不要有遗漏或模糊不清。注意标明商品的名称、数量、价格、付款方式及交货期限，可能的话，还要注明货物包装及邮资等由谁承担。

此外，每项具体订购货物后面，一定要用句号，以避免有人随意添加。下面列举两例：

例1

MAGASINS “LES DEUX FRERES”
x, rue du charolais-75012 PARIS
Tel-Fax : XXXXXXXX

Porcelaine Pyrovair
98, route de Bordeaux
37000 LIMOGES

Objet : commande
[V/réf. : ——]
[N/réf. : ——]
[P.J. : ——]

Messieurs,

Veuillez me faire parvenir dans les meilleurs délais et dans les conditions habituelles de vente (emballage compris et livraison franco de port par la Sernam) :

- Série Louis XV :

—60 assiettes creuses à 10 euros.

—120 assiettes plates à 10 euros.

—160 assiettes à dessert à 0,9 euros.

- Série Madame Pompadour :

—10 soupières à 70 euros.

—16 saladiers (diam. 30 cm) à 45 euros.

Etant donné l'importance de ma commande et l'ancienneté de nos relations, je vous demanderai, exceptionnellement, de me permettre de régler votre facture à 90 jours.

Veuillez agréer, Messieurs, l'expression de mes sentiments distingués.

Signature

SARL au capital de 100 000 euros. RCB 643320068 Paris

La SARL：société à responsabilité limitée 股份有限公司

Sernam：一家著名运输公司

◆这是一位老客户，使用的是本商店专用信纸，直接订货提要求，无客套。

参考译文

先生：

请尽快以通常的价格给我发来如下货物（含包装，运费由Sernam承担）：

● 路易十五系列：

—60个深口盘，单价10欧元。

—120个平口盘，单价10欧元。

—160个餐后甜点盘，单价0.9欧元。

● 蓬帕杜夫人系列：

—10个带盖大汤碗，单价70欧元。

—16个色拉盆（直径30厘米），单价45欧元。

鉴于我是你们的老客户，此次订货量也比较大，希望能将付款期限宽延至90天。

此请商安。

署名

例2

Société : ________

Adresse : ________

Lieu et date

Nom et adresse

du fournisseur

Messieurs,

Nous vous prions de bien vouloir nous expédier les articles suivants :

Article	référence	prix unitaire	quantité	montant
Z	1433 B	18 euros	100	1800 euros
X	3153 A	15 euros	200	3000 euros

Veuillez trouver ci-joint un chèque de 4800 euros, numéro... sur la banque de... (nom).

Nous comptons, pour la bonne exécution de cet ordre, sur votre ponctualité habituelle et vous prions d'agréer, Messieurs, nos salutations les meilleures.

Signature

参考译文

公司名称：

地址：

发文日期/地点

供货商名称/地址

先生（敬启者），

请予订购，发送下列货物：

货物	编号	单价	数量	金额
Z	1433B	18欧元	100	1800欧元
X	3153A	15欧元	200	3000欧元

随函附上XX银行编号XXX支票1张，金额：4800欧元。希望按时、完好无损收到货物。

此请商安。

署名

4.2 发货通知

当厂家或商家接到订单后，无特殊情况要按期发运货物，在发运货物的同时，应向客户寄发货物发运通知，说明货物发运的时间、方式及所发货物名称、数量。随函寄去各种有关资料，并请对方收到货物后回执确认。请看下例：

Monsieur,

Les deux mille tee-shirts que vous avez commandés ont été chargés cet après-midi sur le bâteau «Dongfanghong», qui doit quitter Qingdao le 5 juin 2006.

Ci-joint les documents relatifs à l'expédition :

1. une photocopie de votre commande datée du 15 mai 2006.
2. facture N° 43568.
3. un formulaire B /F67 /208 d'assurance maritime.

Nous vous prions de bien vouloir nous en accuser réception.

Nous demeurons à votre disposition pour le cas vous auriez d'autres commandes à passer.

Veuillez agréer, Monsieur, nos salutations distinguées.

Signature

参考译文

敬启者：

谨此通知您所订购的两千件短袖圆领衫今天下午已装载“东方红”货轮，预定2006年6月5日离开青岛港。

随函附上该批货物一应发运文件：

1. 2006年5月15日贵方订货单复印件一份。
2. 编号为43568的发票。
3. 编号为B / F67 / 208海险单一份。

烦请收到货后回执确认。欢迎订购本公司其他货物。

此请商安

署名

4.3 催促发货

作为客户，当对方不能按时供货时，有可能的话可先口头催促一下，如仍收不到货物，则可书面催促，此类信函的口气要视情况而定。如果对方过去一直能按时供货，而此次仅是例外，口气可缓和些。下面列举两例：

例1

Monsieur,

Nous avons le regret de vous informer que les 5000 dépliants publicitaires commandés à votre représentant le 5 juin courant ne nous sont toujours pas parvenus.

Ce retard risque de nous causer un grave préjudice car le Salon International des voitures ouvre ses portes dans six jours. En effet, nous devons y faire distribuer ces dépliants par des hôtesses.

Nous vous sommons, monsieur, de faire le nécessaire afin que cette commande nous soit livrée dans quatre jours au plus tard.

Si ces documents ne nous parvenaient pas avant l'ouverture du Salon, nous nous verrions obligés de vous demander réparation pour le dommage subi.

Veuillez recevoir, Monsieur, nos salutations distinguées.

Signature

参考译文

先生：

我们非常遗憾地通知贵方：今年6月5日通过贵方销售代理所预订的5000份广告宣传册迄今尚未收到。

国际汽车展将于6天后开幕，届时收不到宣传册，将会给我方带来巨大损失。因为这些宣传册是预备在车展上由礼仪小姐散发的。

敬请贵方自即日起采取措施，尽快发货，最迟不得晚于4天。

如果车展开幕前收不到该批宣传册，由此造成的一切后果将由贵方承担。

谨致敬意（敬祝商安）

署名

例2

Nom, Prénom

Adresse

Références du bon de commande （订货单编号）:

à (Lieu), le (Date)

Monsieur,

En date du 20 juin 2009, je vous ai passé commande de... (préciser la nature de l'objet commandé, ses références exactes, ses caractéristiques telles qu'elles sont énumérées sur le bon de commande).

Le bon de commande stipulait que la livraison devait intervenir le 10 juillet 2009.

Or, force m'est de constater que je ne suis toujours pas livré à ce jour.

Aussi, par la présente, je vous mets en demeure de me livrer rapidement.

Faute d'une réponse de votre part, je me verrai dans l'obligation de demander au tribunal compétent la résolution du contrat sur la base de l'article L.114.1 du code de la consommation et de l'article 1610 du Code Civil, ainsi que des dommages-intérêts, s'il y a lieu.

Dans l'attente de votre réponse, je vous prie d'agréer, Monsieur, l'expression de mes sentiments distingués.

Signature

参考译文

先生：

2009年6月20日我在贵行预订了XX货物。（详细说明订货单上所写货物名称、编号等）订单上规定的供货时间是2009年7月10日。

但我不得不告诉您我迄今尚未收到货物。

为此，特去此函催促你们尽快给我发货。

如果贵行迟迟不予答复的话，我将不得不按照消费法第L.114.1条款以及民法第1610条款对贵行提起诉讼，并要求赔偿可能造成的损失。

期盼回复，顺致敬意。

署名

◆此信口气比较严厉，有点最后通牒的味道。

4.4 解释延迟供货原因

在收到客户订单后，因为某种原因，厂家或商家无法按时按质提供货物，最好主动向客户解释清楚原因求得客户的原谅，此外，在求得对方原谅的同时，尽可能给予一定补偿。商业往来讲究诚信。这一点一定不能忽视。下面举两个例子，第一封信是厂家被动解释延迟供货的原因，但主动给予一定赔偿；第二封信是厂家主动解释无法按时供货的原因。

例1

Monsieur,

Nous accusons réception de votre lettre du 26 courant. Nous regrettons vivement ce retard dû à une panne de scanner.

Nos techniciens travaillent sans relache pour que votre commande puisse vous être livrée le plus rapidemant possible. Soucieux de conserver votre confiance, nous nous sommes permis d'imprimer à nos frais 1000 dépliants supplémentaires. Les 6000 dépliants vous seront livrés après-demain avant 18 heures directement à votre stand.

Nous vous renouvelons toutes nos excuses pour ce malencontreux retard. Nous espérons que vous ne nous en tiendrez pas rigueur, et que vous continuerez de nous honorer de vos ordres.

Veuillez agréer, Monsieur, l'expression de nos sentiments les plus dévoués.

Signature

参考译文

先生：

本月26日来函收悉。对这起因为扫描故障所导致的延期供货深表遗憾。我们的技术人员正在加紧工作，以保证尽快向您供货。为保持我们之间的信任，我们将自己出资为贵方加印1000份。全部6000份宣传册将在后天18点之前直接送抵贵方展台。对此不幸延误，我们再次表示歉意。希望得到贵方谅解，并继续订购我方产品。

谨致敬意。

署名

例2

Monsieur,

Nous avons bien reçu votre commande du 10 Juillet 2009.

Nous avons le regret de vous informer qu'il nous sera impossible de vous livrer les 5000 mètres d'étoffes de soie dans les délais souhaités : un accident de machine nous a fait prendre du retard. Nous recommençons à peine la fabrication et sommes dans l'obligation de livrer les commandes les plus anciennes.

Nous ne pouvons donc vous promettre avec certitude une livraison avant la fin du mois de septembre 2009. Pourriez-vous nous donner votre accord écrit ?

Nous vous demandons de bien vouloir excuser ce retard imprévu et vous prions d'agréer, Monsieur, l'expression de nos sentiments distingués.

Signature

参考译文

先生：

2009年7月10日订单收悉。

我们很遗憾地通知贵方，你们所要的5000米丝绸可能无法按时供货。因为机器出了故障，生产因故而延期。我们最近才恢复生产，必须首先保证已有的订单。

我们无法确保在2009年9月底前向你们供货。贵方能否就此事给我们一个书面答复？

对此意外深表遗憾，敬祝

商安

署名

◆主动解释延迟供货原因时可要求客户给予书面答复，以备将来产生争议时作为凭证。

4.5 （要求）取消订货

取消订货一般有两种情况，一是客户因某种原因主动要求取消所订货物，如果不涉及押金、货款等问题，可以发一封简信，提出取消订货，将所订货物名称、编号、订货单复印件等一并寄去。如果是因为供货商延误供货而要求取消订货，则可以在信中说明一下要求取消订货的原因。下面就以上两种情况分别举例。

例1

Prénom, Nom
Société
Adresse
Référence

Lieu et date
Société
Adresse

Lettre recommandée avec accusé de réception（挂号信，收到请回执确认）

Monsieur,

Par la présente, je déclare annuler la commande ci-après :

—200 carreaux vernisés, 30 × 30 cm, référence : N° 05-365

Commandés au nom de la société XXX le 18 mars 2009 auprès de votre représentant à Beijing.

Ci-joint la photocopie du bon de commande.

Avec mes remerciements et mes salutations.

Fait à Beijing

le 28 mars 2009
signature

参考译文

先生：

特发此函，要求取消下列订购货物：

200块瓷砖，规格30×30厘米，编号：05-365。

该批货物是XX公司于2009年3月18日向贵公司驻北京代

理订购的。

随函附上订货单复印件。

不胜感谢，敬致商安。

2009年3月28日于北京

署名

例2

Prénom, Nom

Adresse

Références du bon de commande（订货单编号）:

à (Lieu), le (Date)

Monsieur,

En date du 17 Janvier 2009, je vous ai passé commande de 50 tournevis réf. 1209, au prix unitaire de 7 euros, 25 vilebrequins, réf. 6732, au prix unitaire de 35 euros.

Le bon de commande stipulait que la livraison devait intervenir dans un délai de 30 jours.

Or, malgré mon précédent courrier du 22 Février, je ne suis toujours pas livré à ce jour.

Aussi, par la présente, je vous mets en demeure d'annuler ma commande en me restituant la somme en euros que je vous ai versée (si une somme a été effectivement versée).

(Faute d'une réponse de votre part, je me verrai dans l'obligation de demander au tribunal compétent la résolution du contrat ainsi que des dommages-intérêts, s'il y a lieu.）这段可视具体情况而定。

Dans l'attente de votre réponse, je vous prie d'agréer, Monsieur, mes salutations distinguées.

Signature

参考译文

先生：

2009年1月17日我在贵行预订了50把螺丝刀，编号：1209，单价：7欧元；25台曲柄手摇钻，编号：6732，单价：35欧元。订货单上规定30天内到货。

尽管我于2月22日曾去函催问，但我迄今仍未收到货物。

为此，特去此函要求取消订货，返还已交欧元货款。

如果你们不能及时给予答复，我将上诉法院请求解决，并要求赔偿损失。

期盼回复，敬致商安。

署名

4.6 告知供货错误或污损

商品在运输过程中可能会因为某些原因遭到损坏或玷污。也可能出现所收到的货物并非当初所订购的货物的情况。出现这种情况时要及时与供货方联系，告知对方所出现的问题，要求给予退换。请看下面两例：

例1

Monsieur,

Votre envoi des 500 pantalons de dame commandés le 23 novembre 2009 nous est bien parvenu. Nous vous en remercions. Nous avons malheureusement dès réception, constaté que l'emballage était en mauvais état, qu'une partie des pantalons avaient été souillés lors du transport et que des boutons manquaient. Ceci est d'autant regrettable que vos produits ont toujours été d'excellente qualité.

Désireux de préserver la confiance qui a toujours régné entre nous, nous vous prions de bien vouloir à l'avenir vérifier la qualité des marchandises et le bon état de l'emballage.

Nous ne doutons pas que vous procédez dans les plus brefs délais au remplacement de la livraison en nous indiquant la procédure de restitution des marchandises endommagées.

Dans l'attente, nous vous prions d'agéer, Monsieur, nos salutations distinguées.

Signature

参考译文

先生：

2009年11月23日订购的500条女式裤子收到。谢谢。但到货时发现包装已有破损，部分裤子污染，若干裤扣掉落。对此深感遗憾，因为贵公司产品质量一向优良。

为保持我们双方之商业信誉，敬请贵方今后加强产品质量管理并改善包装。

相信贵方会及早寄来替换之货品，并来函明示对污损裤子的处理。

期望回复，顺致商安。

署名

例2

Messieurs,

Lors du passage de votre représentant, j'avais choisi 600 pull-overs dont 300 bleus et 300 rouges.

Malgré les indications précises données (numéros... taille... teinte... prix...) sur mon bon de commande, dont photocopie ci-jointe, j'ai reçu un lot de pull-overs noirs au lieu des bleus et rouges qui avaient été commandés.

Je suis donc dans l'obligation de vous les retourner et vous prie de bien vouloir m'expédier ma commande sans plus tarder.

Dans cette attente, je vous prie d'agréer, Messieurs, mes salutations distinguées.

Signature

P.J : photocopie du bordereau de commande

◆一定要随信附上原始订货单的复印件，以利对方查找错误。

参考译文

先生：

通过贵方销售代理，我预订了600件套头衫，其中300件蓝色、300件红色。

尽管订货单上（随函附上复印件）详细标注了所订货物的编号、尺寸、颜色及价格，但我收到了一批黑色套头衫，而非我所订购的蓝色及红色套头衫。

我不得不向贵方退回这些衣服，并请贵方尽快发运我所订购的货物。

期望早日收到货物，顺致

商安。

署名

附件：订货清单复印件

4.7 不同意对方报价

商业活动中，难免会出现讨价还价的情况，假如对方的报价你不能接受，可以去函具体说明不同意对方报价的理由，但陈述一定要清晰。理由越充分，就越有说服力，容易被对方接受。请看下例：

Monsieur,

Nous avons bien reçu votre courrier du 11 mars et nous regrettons de vous informer qu'il nous est impossible de livrer nos appareils photos, au prix que vous fixez.

D'une part, en raison de la très vive concurrence régnant sur ce marché, nous avons déjà été obligés de tirer au maximum nos prix de catalogue. D'autre part, vous savez que nous sommes tributaires, pour notre fabrication, de certaines matières premières dont les hausses récentes sont très sensibles. Pour ces deux raisons, nous nous voyons dans l'obligation de maintenir les prix sur le catalogue que nous avons rendus public.

Nous espérons que, sensible à la qualité indiscutable de nos produits, vous voudrez bien nous maintenir votre confiance.

Dans l'attente de vos ordres, nous vous adressons, Monsieur, nos salutations distinguées.

Signature

或视情况写上下面这段话：

Comme vous le savez, notre usine (entreprise) est connue sur le marché. Nous veillons à lui conserver son image de marque et c'est la raison pour laquelle nous ne fabriquons que des appareils photos (des tissus, des machines à laver...) de première qualité (de qualité indiscutable). Notre premier prix est de... euros la pièce (le mètre...).

Vous trouverez ci-joint des échantillons de nos créations qui vous permettront de les comparer avec d'autres et de faciliter votre décision.

Dans l'attente de votre réponse, nous vous prions d'agréer, Monsieur, l'expression de nos sentiments distingués.

◆要解释清楚为何不同意对方报价，说服对方予以订购。

参考译文

先生：

3月11日来函收悉，非常遗憾，我方无法按照你们的报价提供所要的照相机。

一方面因为该市场的激烈竞争，我们产品目录上的报价已是最低价；其次，贵方也知道，生产该产品所需的一些原材料要依赖进口，其价格已大幅上升。鉴于上述两方面的原因，我们只能维持产品目录上的报价。

我们产品的质量是毋庸置疑的，期望贵方给予信任，予以订购。

敬致商安。

署名

4.8 催款及催款答复

当你迟迟收不到货款时，可去函催款；当你因为某种原因无法按时付款时也可以书面的形式告知对方。请看下面的例子：

例1

Monsieur,

A ce jour, notre facture N° WF 008621 d'un montant de 3000 euros, qui vous a été adressée le 7 novembre, n'est toujours pas réglée. Nous pensons qu'il s'agit d'un oubli, c'est pourquoi nous vous demandons de bien vouloir nous'adresser sans plus attendre votre règlement. Si vous venez d'effectuer ce paiement, veuillez ne pas tenir compte de ce rappel.

Nous vous prions de recevoir, Monsieur, l'espression de nos salutations distinguées.

Signature

参考译文

先生：

11月7日为您开具的一笔3000欧元的发票款项，我们迄今尚未收到，发票编号是：WF 008621。您是否遗忘了？特去函提醒及时结付。倘若贵方近期已经汇出（结付）该款项，敬请见谅。

敬祝商安

署名

上面是一封用词比较客气的催款信。但如果仍然迟迟没有收到款项，可再次去信（最好用挂号信）催促，但口气与第一次有所不同。可以写：

Monsieur,

Notre lettre du... (date) vous informait que vous nous deviez la somme de 3000 euros. Devant votre silence, nous nous voyons dans l'obligation de vous demander de vous acquitter de ce règlement dans les dix jours qui suivent ce courrier recommandé. Faute de quoi, nous ferons appel à la justice.

En espérant ne pas être réduit à cette extrémité, nous vous prions d'agréer, Monsieur, nos salutations distinguées.

参考译文

先生：

我们曾于X年X月去函告知贵方，3000欧元应付款我方尚未收到。但贵方迄今未予答复，鉴于此种情况，我们不得不要求贵方自收到此函10天内予以结清。否则我方将诉之司法。

希望事态不要发展到这一步，谨致敬意。

例2

Monsieur,

Par la présente, j'ai le regret de devoir vous informer que, par suite d'un ralentissement imprévisible dans mes rentrées des fonds, il ne me sera pas possible de payer votre facture N° XW 457860 du 5 septembre 2009, devant faire l'objet d'une traite de 5900 euros fin septembre 2009. C'est pourquoi je me permets de vous demander de bien vouloir m'accorder le droit de scinder cette traite. Je vous propose la solution suivante :

—2000 euros fin octobre 2009;

—3900 euros fin novembre 2009.

Toutefois, si vous préfériez une autre solution, je ferai tout mon possible pour vous être agréable. En vous remerciant à l'avance, je vous prie d'agréer, Monsieur, l'expression de mes sentiments très distingués.

Signature

◆要讲清不能按期全额付款的原因，提出建议并征求对方意见。

参考译文

先生：

我非常遗憾地告知贵方：因为资金回笼出现意外，我将无法在2009年9月底按时一次支付9月5日开具的XW 457860 发票所列5900欧元款项。为此希望贵方惠予分期付款，具体付款建议如下：

—2009年10月底支付2000欧元；

—2009年11月底支付3900欧元。

如果贵方希望其他付款方式，我将尽力而为。不胜感谢，敬致

商安。

署名

4.9 索要发票

发票是商务往来中的重要凭证，在书面索要发票时，一定要写清楚该发票所涉及的相关信息，如货物、金额、付款方式及付款日期等。请看下例：

Monsieur,

Je vous prie de bien vouloir nous délivrer une facture correspondant à l'achat de 3000 mètres de tissus de soie que nous avons réalisé le 21 avril 2009 et payé par chèque bancaire numéro BC 0975973 sur la Banque de Chine, d'un montant de 15 000 euros.

En vous remerciant, veuillez agréer, Monsieur, l'expression de mes sentiments distinguées.

Signature

参考译文

先生：

我们于2009年4月21日向贵方函购了3千米绸缎，并支付了中国银行编号为BC 0975973支票一张，金额为1万5千欧元。烦请贵方开具相应发票。

不胜感谢，敬祝商安。

署名

4.10 商务合作

只有建立良好的商务关系，才能将自己的企业或产品推向世界。这类信件既要向拟合作对象表示出合作诚意，又要向对方介绍自己的业务范围、特点等。要让对方感到这是一种双赢的合作。下面介绍两例：

例1

Monsieur,

Notre société exerce ses activités dans le monde entier en fournissant les meilleurs produits chinois avec des prix imbattables, une riche expérience et une grande efficacité qui nous ont permis de jouir de la confiance de nos clients et d'une excellente réputation commerciale.

Nous représentons pour l'exportation les plus célèbres entreprises chinoises et sommes également le fournisseur attiré de plusieurs clients étrangers.

Nous pensons qu'une association avec votre entreprise serait des plus fructueuses pour nos deux parties, c'est pourquoi, dans cette perspective, nous joignons, pour votre consultation, tous les documents utiles relatifs à nos activités.

Dans l'attente de votre réponse, nous vous prions d'agréer, Monsieur, nos salutations distinguées.

Signature

参考译文

先生：

我公司业务是向世界各国提供质优价廉的中国产品。丰富的经验、卓越的办事效率使我们赢得了客户的信任和良好的商誉。

我们既为中国一些著名企业代理出口，同时也为外国客户代理采购业务。

贵公司如能与本公司往来商务，必将为双方带来好处。为此随函附上本公司业务介绍，以供参考。

至盼回音为荷。

署名

例2

Monsieur,

Ayant appris par un ami que votre société souhaitait établir des relations commerciales avec une société chinoise afin de mieux diffuser des produits français en Chine, nous nous permettons de vous adresser ce courrier.

En effet, spécialisés dans le commerce avec plusieurs sociétés étrangères, nous souhaitons désormais vivement entrer en relations d'affaires avec votre société.

Faites nous parvenir un catalogue complet de vos produits, accompagné des tarifs et nous nous ferons une joie de prospecter le marché pour vous.

Dans l'attente de votre réponse, nous vous prions d'agéer, Monsieur, nos salutations distinguées.

Signature

参考译文

先生：

请允许我们冒昧给贵公司去信，因为从朋友处获知为方便在中国出售法国产品，贵公司欲与一家中国公司建立商业关系。

我公司已与多家外国公司开展商务合作，在这方面富有经验，因此也希望今后能与贵公司进行商务合作。兹请惠寄一份产品详细目录及价格，我方乐于为贵公司开拓市场。

至盼回音为荷。

署名

4.11 其他

例1 售后服务

Prénom, Nom
Référence de l'achat

Lieu et date
Au service après-vente
Adresse

Lettre recommandée
avec accusé de réception
Monsieur,

Le 8 Avril 2009, je vous ai adressé une simple réclamation téléphonique en ce qui concerne le mauvais fonctionnement du réfrigérateur que j'ai acheté le 23 mars 2009. Au cours de notre entretien, vous m'avez assuré qu'un dépanneur passerait le lendemain. Il n'en fut rien. Par la suite, je vous ai rappelé plusieurs fois, mais sans avoir dépanné à ce jour.

C'est pourquoi, par la présente adressée sous pli recommandé, je vous demande de réparer, voire de changer l'appareil défectueux dans les plus brefs délais.A défaut de quoi, je me verrais obligé de remettre cette affaire entre les mains de la justice.

Espérant que nous arriverons à éviter toute procédure dont les frais ne pourraient que vous incomber, je vous prie d'agréer, Monsieur, mes salutations distinguées.

Signature

◆此类信件“Référence de l'achat”很重要。可以先打电话要求售后服务，如无果，再去函催促，以留凭证。这封信是在一次次口头催促无用的情况下写的。

参考译文

先生：

我曾于2009年4月8日电告贵店：我2009年3月23日购买的冰箱出现了毛病。贵店许诺第二天派人前来修理，但事实并非如此。而后我又多次去电，可迄今未见来人修理。为此，特发此挂号信，请求尽速修理或调换。

倘若仍不派人前来修理，我将诉诸法律，其一切费用将由贵店承担 。希望避免上述结果。

谨致敬意。

署名

例2 申请贷款

Monsieur,

Souhaitant ouvrir prochainement un magasin d'articles de sport, situé... (adresse complète), je m'adresse au Crédit d'Equipement des P.M.E afin d'obtenir un prêt dans le cadre de la création d'un commerce.

Avant de vous écrire, j'ai bien sûr pris conseil auprès de mon banquier, Monsieur Y du Crédit Lyonnais.

Les conditions requises étant remplies, j'ai suivi ses indications et réuni les pièces nécessaires à la préparation du dossier de demande de prêt que vous voudrez bien trouver ci-joint. J'aimerais avoir un entretien avec vous pour examiner les points délicats.

Je reste à votre disposition pour tout renseignement complémentaire, et vous prie d'agréer, Monsieur, l'expression de mes sentiments les meilleurs.

Signature

P.J : 1 dossier

参考译文

先生：

我打算近期在XX（详细地址）开一家体育用品商店，为此特向贵行中小企业设备贷款处申请商业开办贷款。

在这之前，我已经咨询了我在里昂信贷的顾问Y先生。

目前我各项条件具备，并根据我银行顾问的意见备齐了申请贷款所需的各项材料，随信附上。希望能有一次面谈，以便就某些难题进一步沟通。

愿随时为您提供更详细的情况，谨致敬意。

署名

附件：1份文件

例3 招商

Messieurs,

Lors de notre visite au Salon International de L'Alimentation à Paris, nous avons particulièrement apprécié l'excellente qualité de vos produits.

Nous possédons une chaîne de magasins, implantée dans toutes les grandes villes chinoises, et qui offre un rayon d'épicerie fine. Nous souhaiterions élargir notre gamme de produits et serions très heureux d'y ajouter vos articles afin de répondre à la demande de nos clients très amateurs de la gastronomie française.

Nous sommes vivement intéressés par vos produits... nous sommes persuadés qu'ils sauront satisfaire notre clientèle.

Nous vous serions obligés de nous faire connaître vos conditions de vente et de livraison à l'exportation.

Votre proposition devra nous parvenir avant le 1er novembre 2009 pour être prise en considération.

Dans l'attente de votre meilleure offre, nous vous prions de croire, Messieurs, à l'expression de nos meilleurs sentiments.

Le directeur des achats

XXX

参考译文

敬启者：

在参观巴黎国际食品展时，你们产品的优秀品质吸引了我们。

我们在中国的许多大城市都设有专卖店，出售各种优质食品。我们很希望进一步丰富我们的食品种类，希望引进你们的产品，以满足消费者对法国美食的需求。我们对你们的XX产品很感兴趣，相信它一定能让我们的顾客满意。

烦请告知你们的出口销售报价。

请在2009年11月1日前将报价告知我方，以便考虑。

期待合理的报价，谨致敬意。

采购部主任

XXX

例4 租借活动场所

Votre société（发信人）

Adresse

Tél

Fax

Email

Nom du loueur（收信人）

Adresse

Lieu, date

Référence : XXX

Objet : réservation

Madame/Monsieur,

Comme convenu lors de notre entretien téléphonique de ce jour, je vous confirme que notre société organise...*(nature de la réception) le...(date) à...(lieu).*

Nous aurons besoin à cette occasion de louer une salle qui pourra réunire deux cents personnes (assises ou debout) ainsi qu'une salle supplémentaire.

Nous aurons besoin à cette occasion des prestations suivantes pour deux cents personnes : (détailler vos besoins : petits fours [sucrés et/ou salés, boissons, alcools)].

Il conviendra également de prévoir... (prestations supplémentaires : micro, sonorisation, nombre de serveurs, couverts, verres etc…)

Nous vous remercions de bien vouloir nous envoyer votre devis pour acceptation.

Nous vous confirmerons notre réservation par retour de courrier.

Nous vous prions de croire, Monsieur/ Madame, à nos sincères salutations.

Signataire

Qualité

参考译文

女士/先生：

根据我们那天电话所达成的一致，我向您确认我公司将于某年某月举行XXXX活动。

为此，我们需要租用一间可以容纳二百席位（站位）的大厅，并一间备用厅。我们还需要贵方为此二百人提供以下物品：（花式糕点：甜或咸，酒水）。

同时还需要预备（话筒、扩音设备、餐具、若干名服务员等）。

如无疑问，烦请将预算单发给我方。

我方在收到预算后将予书面确认。

此请商安（敬祝大安，此祝财安）

签字人

职务

附录

支票样本

20 01 2001
CAISSE D'EPARGNE
POITOU-CHARENTES

Payez contre ce chèque non endossable sauf au profit d'une banque, d'une Caisse d'Epargne ou d'un établissement assimilé: Cinq mille six cents euros

somme en toutes lettres

€ à rédiger exclusivement en euros

€ 5600

A Société Beaulinge

Payable en France
18645 00401
138 BIS AV DE LA LIBERAT
86000 POITIERS
TEL 05.49.58.54.04

N° de compte
SA NUIT DE REVE
18 Rue Gambetta
86000 Poitiers

A Poitiers
Le 22 septembre

Signature

Chèque N° Série U Chèque N° 6742001 (87)

6742001 086018645908 004012192408

常用语

表示收到

Nous accusons réception de votre courrier du...

Votre lettre du... nous est bien parvenue.

Nous avons pris bonnes notes du désir exprimé par votre lettre du...

Nous avons bien reçu votre lettre par laquelle...

En possession de votre lettre du...

表示确认

Nous vous confirmons notre lettre du... courant par laquelle...

Nous vous confirmons notre entretien téléphonique au sujet de...

Comme convenu, je vous confirme...

Suite à notre entretien téléphonoque...

Conformément à notre accord...

Comme suite à notre conversation téléphonique de ce jour...

订货

Pourriez-vous m'expédier le plus tôt possible...

Nous vous prions de prendre note de la commande suivante...

Veuillez me faire parvenir le plus rapidemant possible la commande ci-dessous :...

Pouvez-vous me faire parvenir dans les meilleurs délais la commande ci-dessous...

Nous souhaitons recevoir... avant le...

Vous trouverez ci-inclus notre bon de commande pour...

Je vous ai passé commande de...

回复订货

Nous acceptons les conditions proposées dans votre lettre du...

Nous avons bien reçu votre commande du... et vous en remercions.

Nous avons bien reçu votre lettre par laquelle vous commandiez...

Nous avons pris bonne note de votre commande qui concerne...

咨询

Pourriez-vous me faire savoir...

Nous vous serions obligés de nous indiquer...

Pourriez-vous nous informer...

付款

Vous trouverez ci-joint un chèque bancaire (chèque postal ou mandat-lettre) N°... de... euros, et nous vous serions obligés pour la bonne règle de nous en accuser réception.

En règlement de votre facture, nous vous prions de trouver...

Je réglerai cette somme à la livraison...

Nous vous prions de nous régler...

Le règlement est à effectuer par... traite / lettre de change / virement bancaire / postal / prélèvement automatique... au comptant / dès réception de la facture ou de la marchandise / à échéance du... / sous... jours.

承认错误或表示遗憾

Nous regrettons vivement l'erreur qui s'est glissé...

Nous regrettons vivement ce retard dû à...

Nous avons le regret de vous informer...

Nous sommes au regret de vous informer que...

增长，增加

Notre activité à l'export s'est accrue de 20% en deux ans.

Nos ventes vers les pays de... ont doublé cette année.

Le nombre de commandes à l'export progresse chaque année.

Pour la première fois, la vente de... a explosé à...

Les prix des matières premières ont fortement augmenté.

减缓，减少

Le prix de baril de pétrole a chuté brutalement à la Bourse de...

Notre agent français a baissé sa commission de 2%.

Les ventes régressent en France depuis le changement d'importateur.

Nos marges ont diminué pour la première fois depuis... ans.

其他

Le bon de commande stipulait que la livraison devait intervenir le...

Le bon de commande stipulait que la livraison devait intervenir dans un délai de...

Malgré mes précédents courriers du/des...

Force m'est de constater que...

Je vous mets en demeure de...

Je me verrai dans l'obligation de demander au tribunal compétent la résolution...

Procéder à la livraison sous le délai de... jours.

Annuler ma commande en me restituant la somme d'euros que je vous ai versée...

Veuillez nous adresser par retour du courrier...

企业有关人士称谓

ENTREPRISE
Président du Conseil d'Administration 董事会主席，董事长
Président Directeur Général 总裁，总经理
Directeur Général 总经理
Secrétaire Général 秘书长
Directeur Technique / Industriel 技术/工业主管
Directeur Commercial 营业（部）主管（经理）
Directeur Marketing 市场（部）主管（经理）
Directeur Export / International 出口（部）/国际（部）主任（主管）
Directeur Juridique 法律（部）主任（主管）
Directeur Administratif et Financier 财务与行政（部）主任（主管）
Directeur de la Communication, de la Publicité 宣传与联络（部）主任（主管）
Directeur Informatique 信息管理（部）主任（主管）
Ingénieur 工程师
Administratif （企业的）经营部门
Commercial （企业的）营业部门
Chef de Zone / de Région / de Projet / de Mission 区域/地区/规划/项目/负责人
Comptable 会计
Caissier 出纳
Responsable 负责人
Attaché 助理，副手
Assistant (e) 助手，助理
Secrétaire 秘书
Employé 雇员

Formateur / Ense ignant 职业培训教师，（对企业或公司人员进行再培训的）指导教师/教师

Représentant 代理人

Ouvrier 工人

Livreur 送货人，供货商

Manutentionnaire 搬运工，商品发送员

第五章

一般社交书信

5.1 一般社交书信

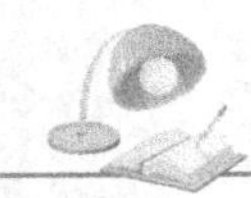

一般社交书信注意事项

一般社交书信是家庭成员之间或亲朋好友之间的书信往来，因此写信用不着客套或拘泥于格式，在称呼之后开门见山地写内容即可。但称呼要多加注意，使用不当会引起误会。一般可用名字（prénom）、相互之间的关系（ami, copain...）或家庭关系（papa, fille...）开头 。但最好不要直呼名字或相互之间关系，以避命令之嫌。如朋友的名字为André，可写为 Cher André, Mon cher André 或 A mon cher André。

结束语也比正式信函的结束语简单多了。比如从ami派生出来的词做结束语就十分常见：Amitiés, Amitiés à toi, Amicalement, Très/Bien amicalement, Sincères amitiés, pensées amicales, 等等。

除了上面的结束语，关系稍远一些的可用Cordialement, Sincèrement等，关系近一些的可用Affectueusement, Bien à vous, Je vous embrasse等，关系很密切的可用Tendrement, Bien à toi, Je t'embrasse, Bisous, Grosse bise等。

一般社交书信范例

例1

Paris le 12 septembre 2009

Chère Anne,

Je te remercie beaucoup pour ta lettre et la photo. Cela m'a fait très plaisir. J'espère que tes affaires personnelles vont bien.

Je suis D.E.S.S. d' «Expertise et Coopération en éducation et formation». Dans l'ensemble, c'est intéressant. Mais je ne sais pas trop quels seront les débouchés plus tard ! ...

Thomas va bien, il change vite et grandit beaucoup. Il a toujours la même énergie ! Malheureusement, il oublie le chinois. Sa grand-mère est un peu fatiguée, mais va bien. Je t'écrirai plus longuement la prochaine fois. Je te souhaite une très bonne rentrée.

Amitiés

Isabelle

参考译文

亲爱的安娜：

感谢你寄来的信和照片，这让我非常高兴。我希望你的事情进展顺利。

我现在在大学里攻读“教育培训的合作与评估”课程。总的来说课程还蛮有意思，但我不太清楚今后的就业情况如何！……

托马身体很好。他变化很大，长高了许多，总是那么的精力充沛。但很可惜的是他已经忘记了中文。他外婆有些劳累，但身体还好。下次我给你写封长信。祝你开学愉快。

祝好

伊莎贝尔

例2

Nantes le 2 septembre 2009

Chère Marie,

J'espère de tout coeur que ton séjour à Vichy se déroule aussi bien qu'Annie et moi nous le souhaitons. Je veux croire que l'air pur de cette ville d'eaux (des eaux pleines de ces bulles que tu n'aimes pas beaucoup !) et au passé lourdement chargé te permet de passer en Auvergne un séjour agréable.

Nous avons été très heureux de pouvoir t'accueillir chez nous à la fin du mois d'août. Les journées que nous avons passées ensemble constituent pour Annie et pour moi de beaux souvenirs.

Nous avons commencé à reprendre sérieusement le cours de nos activités. Annie a fait sa rentrée au Lycée et découvre de nouvelles classes et de nouveaux élèves qui lui semblent très sympathiques. Moi je suis plongé dans la lecture de thèses de DEA et de Maîtrises et j'achève de préparer la communication que je dois donner à Nagoya où je partirai dimanche prochain.

Je reviendrai du Japon le 29 septembre en fin d'après-midi et je demeurerai à Paris jusqu'au 2 octobre au soir. Penses-tu qu'il nous sera possible de nous voir avant ton retour en Angleterre? J'aurais vraiment plaisir à te rencontrer si c'est possible compte-tenu de ton propre calendrier.

Avec espoir, Annie et moi, nous te disons toute notre amitié fidèle.

Michel

参考译文

亲爱的玛丽：

我和安妮衷心地祝你在维希的日子过得愉快。我希望水城的纯净空气和她厚重的历史使你在奥维尔涅的时光十分惬意（你并不太喜欢这些充满气泡的水）。

我们很高兴8月底在家里接待了你。我们一起度过的时光对我和安妮来说是十分美好的回忆。

我们已经开始上课了。安妮在中学里开始接触新的班级、新的学生。这些学生似乎对安妮都很友好。我嘛，我已投入到学生论文的阅读中去了。我与名古屋的联系也告一段落，下星期日我将起程去名古屋。

9月29日傍晚时分我从日本返回，我将在巴黎一直逗留到10月2日晚上。你觉得在你返回英国之前咱们还能见面吗？如果能再见一面我会很高兴的，但要根据你的日程安排决定。

安妮和我，我们满怀希望地向你表达我们的友谊。

米歇尔

2009年9月2日

5.2 生日贺词

人们一般对自己的生日还是比较重视的。在亲朋好友生日前寄去一张精心准备的漂亮贺卡（自制的当然更好）是十分必要的。注意西方人有生日anniversaire和命名日jour de fête的区别。生日是出生的纪念日，命名日是自己的名字在西方日历上所对应的日子。现在成年人过命名日的少了，但孩子们一般还都过。两种贺卡的措辞大同小异，应尽可能地个性化一些。下面提供一些例子为你打开思路，希望它们能帮你写出更美好的祝福。收到生日卡一般用不着专门回信感谢。还要注意的是，一般在卡片上书写时不需要加标点符号，用移行或改变字体表示断句。

例1

这是一例简单的祝福

Paris, le 15 avril 2009

Cher Ami,

Pour ton anniversaire, je te souhaite... (此处写上祝福词)如：

Du temps pour profiter pleinement de chaque journée;

Des rires pour relever les défis de la vie;

Des amis pour partager tes joies;
Des projets pour te faire rêver.

Je te souhaite du bonheur à chaque saison de ta vie.

JOYEUX ANNIVERSAIRE

Annie

参考译文

亲爱的朋友：

在你生日的这一天，我祝你：
有充足的时间尽享每一天，
用笑声应对生活的挑战，
同朋友共享你的欢乐，
拥有令你梦魂牵绕的计划。

祝你生命中的每一个季节都幸福。

生日快乐

安妮

例2

下面这一例与上面的例子异曲同工。

Paris, le 15 avril 2009

Cher Ami,

Pour ton anniversaire, je te souhaite
Une matinée ensoleillée...
Un après-midi de petites folies...
Une soirée enchantée...
Et un coeur empreint de bonheur.
Passe une merveilleuse journée.

Annie

参考译文

亲爱的朋友：

在你生日的这一天，我祝你拥有
一个充满阳光的早晨……
一个随心所欲的下午……
一个欣喜若狂的夜晚……
和一个铭刻着幸福的心。
祝你度过最美好的一天。

安妮

下面是一个具有叙事性的贺词。

例3

Paris, le 15 avril 2009

Cher Ami,

Ce matin en me levant, une petite voix m'a dit : aujourd'hui, c'est un jour important ! Et puis, il n'a pas fallu que je réfléchisse longtemps, pour me dire, qu'il s'agissait de ton anniversaire, car tu fais partie de ma vie, au même titre que les personnes de ma famille.

Notre amitié est tellement forte que je peux me remémorer des milliers d'instants de complicité et de fous rires !

Je te souhaite un très joyeux anniversaire et je sais déjà que nous en aurons encore de nombreux à fêter ensemble !

André

参考译文

亲爱的朋友：

今天早上我起床时，一个声音对我说：今天是一个重要的日子！没有多想我就知道了今天是你的生日。因为你已是我生命的一部分，如同我家里的亲人一样。

我们的友谊如此牢固以至于我能回想起成千上万个我们一起度过的充满笑声的美好时光！

祝你生日愉快，我相信我们还要共同度过许许多多的生日！

安德烈

下面这个祝福词富有诗意。

例4

Paris, le 15 avril 2009

Cher Ami,

Une bougie de plus sur un gâteau...

Un printemps de plus dans une vie...

Un peu de soleil dans l'âme...

Un jour qui sort de l'ordinaire...

Mille sourires, joies et sentiments liés en une merveilleuse gerbe du fond du cœur...

JOYEUX ANNIVERSAIRE

André

参考译文

亲爱的朋友：

蛋糕上的蜡烛又多了一根……

生命历程里又多了一个春天……

心灵里再多一些阳光……

不同寻常的一天……

一束神奇的花束里饱含着从心底涌出的万千微笑、欢乐和情感……

生日快乐

安德烈

下面请看两例命名日贺卡。

例1

Paris, le 15 avril 2009

Bonne Fête, Chérie.

Que ton jour de fête soit gai et heureux comme un jour de fête se doit de l'être

Une gentille petite fille comme toi le mérite amplement

Bonne journée

Ta grand-mère

参考译文

亲爱的，节日愉快。

祝你在命名日这一天愉快得像过节一样。

像你这么可爱的小姑娘值得拥有无数的欢乐。

节日好

你的奶奶

例2

Paris, le 15 avril 2009

Chère Marraine,

C'est demain votre fête, ma chère Marraine. Comme je

voudrais être près de vous et vous embrasser tendrement en vous exprimant tous les souhaits affectueux que je formule à votre intention.

Bonne Fête

Votre filleule

参考译文

亲爱的教母：

明天就是您的节日了，我的教母。我多么想赶到您的身旁热情地拥抱您，并向您表达我最热烈的祝福。

节日愉快

您的教女

5.3 圣诞贺卡

因为圣诞节、新年离得很近，一般一张贺卡恭贺两个节日。抬头称呼没有什么变化，中间的贺词越热烈越好。结束语常用Joyeux Noël et Bonne Année。如果长时间未联系了，可以在贺词前或后写上要告之的事情。下面有几个例子可供参考。

例1

Paris, le 20 décembre 2009

Cher André,

Amitiés et souhaits chaleureux pour ces Fêtes de fin d'année !

JOYEUX NOEL ET BONNE ANNEE

Claude

参考译文

亲爱的安德烈：

借年末之际表达我最热烈的问候和祝愿！

圣诞快乐，新年好！

克洛德

例2

Paris, le 20 décembre 2009

Cher Ami,

Marie et moi-même t'adressons nos meilleurs vœux. Souhaitant que l'année nouvelle qui débute nous donne la joie de nous retrouver.

Joyeux Noël et Bonne Année 2010

Marie et Claude

参考译文

亲爱的朋友：

玛丽和我向你致以最热烈的祝福。祝这刚刚开始的新的一年给我们带来再欢聚的欢乐。

圣诞快乐，2010年好！

玛丽和克洛德

例3

Paris, le 20 décembre 2009

Cher Ami,

Profite bien de ces merveilleux moments pour renouer avec famille et amis.

Que la nouvelle année soit promesse de succès dans la réalisation de tes projets et de tes rêves les plus chers.

Joyeux Noël et Bonne & Heureuse Année

Anne

参考译文

亲爱的朋友：

充分利用这美好的时刻与家人、朋友相聚。

祝你在新的一年里成功实现你最热切的希望和梦想。

圣诞快乐，新年幸福！

安娜

例4

Paris, le 20 décembre 2009

Cher fils,

Chaque année qui commence est une promesse et une espérance.

Que ce qui fut bien soit encore mieux et que ce qui fut triste soit vite oublié.

Je te souhaite de tout mon coeur le bonheur et la santé et que cette année nouvelle exauce tous tes voeux !

Joyeux Noël et Bonne Année

Papa

参考译文

亲爱的儿子：

每一个新年都充满了希望与期待。

让好事更加美好，让伤心事快点过去。

我衷心祝你健康、幸福。祝你在新的一年里心想事成。

圣诞快乐，新年好！

爸爸

例5

Paris, le 20 décembre 2009

Chère grand-mère,

J'aurais voulu pouvoir arriver ce matin dès votre réveil avec un énorme bouquet de fleurs pour vous apporter mes vœux.

Puisque nous sommes séparés l'un de l'autre, c'est un énorme bouquet de souhaits et de tendresse que je vous envoie avec cette lettre. Puisse cette nouvelle année vous laisser toujours aussi jeune, active et gaie pour notre bonheur à tous.

Je vous embrasse, ma chère grand-mère, avec tout mon coeur si proche du vôtre.

Votre petit-fils

参考译文

亲爱的奶奶：

我多么想今天一早当您醒来时，带着一大束鲜花赶到您身旁向您表达我的祝愿。

由于我们不住在一起，我只能随信寄上一束充满祝愿和温馨的花朵。祝您在新的一年里仍然年轻、活泼、快乐，这也是我们大家的福分。

我真诚地拥抱您，亲爱的奶奶，咱们的心永相随。

您的孙子

接到贺年卡一般要有个回应。回复的第一句话当然是告之对方收到他的贺卡或感谢对方的祝福，接下来就是你对对方的恭贺。下面提供两个例子做参考。

例1

Paris, le 22 décembre 2009

Chers Amis,

Nous vous remercions de vos bons voeux et à notre tour, nous vous adressons les nôtres en souhaitant que cette année nouvelle vous apporte joie, bonheur, santé et réussite.

Joyeux Noël et Bonne Année

Annie et André

参考译文

亲爱的朋友：

感谢你们的热情祝福。在此我们也向你们表示祝福，祝愿你们在新的一年里身体健康，幸福，欢乐，事业有成。

圣诞快乐，新年好！

安妮和安德烈

例2

Paris, le 23 décembre 2009

Cher Michel,

Nous avons bien reçu ta jolie carte de vœux (也可以写 Suite à ta gentille carte de fin d'année) et à notre tour, nous t'adressons la nôtre en souhaitant que cette période de réjouissances soit remplie de joie, de bonheur et de chaleur et que tes voeux les plus chers se réalisent au cours de cette nouvelle année !

Joyeux Noël et Bonne Année !

Annie et André

参考译文

亲爱的米歇尔：

我们已收到你寄来的漂亮贺卡。我们也向你表示祝福并祝愿你的节日充满欢乐、幸福和热烈的气氛。祝你最珍贵的愿望能在这新的一年里实现。

圣诞快乐，新年好！

安妮和安德烈

5.4 结婚通告

结婚是人生大事，当然要告之亲朋好友。结婚通告有一定的格式，尤其是传统的通告有很多的规矩：

1. 发结婚通告应在婚礼前数月，同时还应刊登在报刊上。

2. 通告的纸张要考究一些，一般是白色或略黄一点的奶油色，千万不要用中国人喜爱的大红色。纸张对折起来，一面是新郎家的通知，一面是新娘家的通知。

3. 通知人的排列顺序应该是祖父母、父母。他们的姓名、封号、头衔都写清楚。新郎、新娘如果有封号、头衔的也要标明。

4. 如有宗教仪式，主持人的姓名、头衔要写清楚。

5. 被通知人的信封地址最好手写。如不通过邮局邮寄的话，一般信封不封口。

6. 婚礼的仪式有很多。一般有市政仪式、宗教仪式、酒会、宴会、舞会等等。一般被通知的人只参加前两个或三个仪式。关系亲密的人参加所有仪式。因此要么在结婚通告上标明，要么再附上一邀请卡，注明被邀请人参加的仪式项目。

7. 通告最下方写上通讯地址以方便联系及寄送礼品。

8. 接到结婚通知而不能参加婚礼的人要尽早告之并祝贺新人。

9. 参加婚礼最好带份礼物，空手会显得很尴尬。着装也应注意。如对着装有要求一般应在邀请卡上注明。

10. 不管是丧偶还是离婚后的再婚，一般不用发通告，只在报刊上以新人的名义登一告示即可。

11. 通告行文中一般不使用标点符号，用断行、不同字体表示断句。

现在看一则传统的结婚通告：

Monsieur Maurice Brissac
Monsieur et Madame Robert Vandœuvre
ont l'honneur de vous faire part du mariage de
Monsieur Jean Vandœuvre
Lieutenant de Vaisseau
Chevalier de la Légion d'honneur
leur petit-fils et fils
avec Mademoiselle Anne Domfranc
Et vous prient d'assister à la bénédiction nuptiale qui leur sera donnée Par Son Excellence Monseigneur Varnoux, évêque d'Agen, le jeudi 2 novembre 2006, à midi précis, en l'église Saint-François.
59, rue de Bellechasse

Madame Albert Thizy
Le Capitaine de Frégate
Officier de la Légion d'honneur
Madame Pierre Domfranc
ont l'honneur de vous faire part du mariage de
Mademoiselle Anne Domfranc
leur petite-fille et fille
avec Monsieur Jean Vandœuvre
Lieutenant de Vaisseau
Chevalier de la Légion d'honneur
Et vous prient d'assister à la bénédiction nuptiale qui leur sera donnée par Son Excellence Monseigneur Varnoux, évêque d'Agen, le jeudi 2 novembre 2006, à midi précis, en l'église Saint-François.
18, avenue de La Tour-Maubourg

参考译文

毛里思·勒里萨克先生和罗伯尔·旺德夫夫妇荣幸地通知你们，他们的外孙、儿子让·旺德夫先生，海军上尉、骑士荣誉勋章获得者与安娜·董佛兰小姐喜结连理。恭请你们参加2006年11月2日星期四中午12点在圣-佛朗索瓦教堂举行的宗教结婚仪式。仪式由阿让主教瓦尔努阁下主持。

伯勒沙斯街59号

海军中校、法国四级荣誉勋位获得者之妻阿贝尔·迪兹夫人·和皮埃尔·董佛兰夫人荣幸地通知你们，她们的外孙女、女儿安娜·董佛兰小姐与让·旺德夫先生，海军上尉、骑士荣誉勋章获得者喜结连理。恭请你们参加2006年11月2日星期四中午12点在圣-佛郎索瓦教堂举行的宗教结婚仪式。仪式由阿让主教瓦尔努阁下主持。

杜尔-谋布尔大街18号

下面这一例比较简单，以新人双方父母的名义发出通告：

Monsieur et Madame Paul DURANT
Monsieur et Madame Michel DUPONT
Sont heureux de vous faire part du mariage de leurs enfants
Laurence et Antoine
Et vous prient d'assister à la bénédiction nuptiale qui se déroulera le 12 août 2008, en l'église Saint-Pierre à 10 heures

10 rue Michel

参考译文

保尔·杜朗先生及夫人

米歇尔·杜邦先生及夫人

十分高兴地通知你们：他们的孩子劳朗丝和安多瓦喜结良缘。邀请你们出席婚礼宗教仪式。时间：2008年8月12日10点。地点：圣-皮埃尔教堂。

米歇尔街10号

下面是随这个结婚通告附上的邀请卡：

Madame Paul DURANT

Madame Michel DUPONT

auront le plaisir de vous recevoir pour un dîner

qui aura lieu au Château de la Messardière

à partir de 20h 30

Réponse souhaitée avant le 1er juin 2008

参考译文

保尔·杜朗夫人

米歇尔·杜邦夫人

高兴地邀请您共进晚餐。时间：20点30分开始。地点：拉麦萨迪埃尔城堡。

请于2008年6月1日前给予回复

这是一对新人自己通知朋友喜讯：

Paris, le 10 juin 2008

Chère Michelle,

Nous serions très heureux de t'avoir à nos côtés le 19 août 2006 à 10 heures, 6 Place d'Italie pour fêter ensemble cette journée exceptionnelle.

Thomas et Louise

Réponse souhaitée avant le 31 juillet 2008.

参考译文

亲爱的米歇尔：

你要是能与我们一起庆祝我们极为特殊的日子将会使我们十分高兴。时间：2008年8月19日10点。地点：意大利广场6号。

托马斯和路易丝

2008年7月31日前回复我们为盼。

下面是托马斯和路易丝以自己的名义发出的邀请卡：

Pour que leur mariage reste à jamais gravé dans vos mémoires

Louise et Thomas

Vous invitent à dîner et à faire la fête

A partir 19h 30 et jusqu'au bout de la nuit !

A la salle des fêtes de Bordeaux – 8 rue de l'Amiral Coligny

参考译文

为了使你们永远记住他们的婚礼，路易丝和托马斯邀请您参加晚宴及庆祝活动。时间从19点30分开始一直到凌晨。地点在阿米哈尔-高里尼街8号，波尔多节日大厅。

参加完婚礼后最好给新婚夫妇发一份贺卡或贺信。下面有3个例子供参考：

例1

Paris, le premier mai 2006

Aux nouveaux mariés,

Une promesse d'amour : «Le mariage est l'accomplissement d'un rêve et le commencement de nombreux autres.»

Puissiez-vous connaître tous les deux, année après année, les joies du partage, les plaisirs de l'amitié et les délices de l'affection afin que la vie vous apporte sans restriction ce qu'il y a de meilleur et de plus précieux.

Félicitations !

Pierre

参考译文

致新人：

一个爱情誓言说得好："结婚是一个梦想的实现，同时也是更多梦想的开始。"祝二位年复一年地分享快乐，品味友谊，体会情爱。让生活只给你们带来最美好和最珍贵的部分。

恭贺

皮埃尔

例2

Paris, le premier mai 2006

Nos vœux de Mariage,

«Partager sa joie c'est un bonheur en soi.»

Ce moment que vous attendiez si impatiemment est bel et bien arrivé maintenant et nous venons vous souhaiter, à l'occasion de cette journée, du bonheur en quantité et la réalisation de vos désirs au cours des années à venir.

Félicitations !

Anne et Pierre

参考译文

新婚祝福：

“分享快乐本身就是幸福。”

你们翘首企盼的时刻终于来到了，它是多么美好。借此机会我们祝你们幸福多多，在未来的岁月里实现你们的所有愿望。

恭贺

安娜与皮埃尔

例3

Paris, le premier mai 2007

Un souhait pour une vie de bonheur:

En vous tenant la main, vous trouverez confiance et réconfort. En ouvrant les bras vous trouverez tendresse et chaleur. En ouvrant votre coeur, vous trouverez l'amour et le bonheur. Ce bel amour qui grandit et dure toujours.

Félicitations pour votre mariage !

Pierre

参考译文

对幸福生活的祝福：

手牵手时，你们会感到信赖与慰藉；张开臂膀时，你们会感到热情与温存；敞开心扉时，你们会得到情爱与幸福。美丽的爱情与日俱增。

恭贺你们的婚姻

皮埃尔

不能出席婚礼一定要写信告知。请看下面两个例子。

例1

Paris, le 4 juin 2008

Aux nouveaux mariés,

Si le Soleil n'est pas au rendez-vous, nous savons qu'il se trouve dans vos coeurs. Nous regrettons de ne pouvoir venir, car Marie doit subir une opération en juillet. Mais nous vous envoyons tous nos voeux de bonheur.

Chérissez chaque moment, partagez-en chaque souvenir, votre amour n'en sera que plus grand et plus vrai.

Marie et Claude

参考译文

致新人：

如果太阳未能如约而至，我们知道它藏在你们心中。很遗憾不能来参加婚礼，因为玛丽7月份要动手术。我们衷心祝你们幸福。

只要珍惜每时每刻，分享每一个回忆，你们的爱情就会更加伟大，更加真实。

玛丽和克罗德

例2

Paris, le 4 juin 2008

Mon cher Gustave,

Puisque mes infirmités m'empêche d'aller au milieu de vos amis vous féliciter et partager votre joie, je vous envoie mes souhaits les plus affectueux... Puisse Dieu bénir votre union et vous donner tout le bonheur que cette terre peut offrir aux hommes et aux femmes de bonne volonté !

De tout cœur avec vous deux.

Votre vieil et fidèle ami Pierre

参考译文

亲爱的古斯塔夫：

由于身体原因我不能和你的朋友们一起祝贺和分享你的快乐，在此我向你表示最真挚的祝福。愿上帝降福于你们的结合，给你这块土地所能给予的所有幸福。

衷心祝福你们二位。

忠实于你的老朋友皮埃尔

下面是一封随花送到的致歉信。

Que ce bouquet, que chacune de ces fleurs, que chacun de ces pétaels soient notre interprète pour nous : faire pardonner notre absence et pour vous souhaiter des années de bonheur.

Nous vous souhaitons de toujours vous aimer comme cet instant.

Marie et Claude

参考译文

这束鲜花中的每一朵花、每一枚花瓣都代表着我们的心意：原谅我们的缺席，祝愿你们幸福长久。

祝愿你们永远像此时此刻一样地深爱对方。

玛丽和克罗德

新人婚礼后一般应对参加婚礼尤其是送了贺礼的人表示感谢。下面提供两例参考。

例1

Paris, le 6 octobre 2008

Cher André,

Nous vous remercions de votre présence qui a contribué à faire de notre mariage un jour inoubliable.

Marie et Claude

参考译文

亲爱的安德烈：

谢谢你来参加婚礼。你的到来使我们的婚礼成为难忘的时刻。

玛丽和克罗德

例2

Cher André,

Nous vous remercions de vous êtes associé à notre bonheur et nous avons été très sensibles à votre gentil cadeau.

Marie et Claude

参考译文

亲爱的安德烈：

感谢你分享我们的幸福时光，感谢你送来的可爱礼物。

玛丽和克罗德

5.5 孩子出世

孩子出世对家庭来说是件大喜事，也应该通知亲朋好友。通知卡一般在孩子出生十几天后寄发出去。卡上要写明孩子的性别、名字及出生日期。

最简单的可以直接写在夫妇的名片上，如下例：

Monsieur et Madame André LEBOIS

Sont heureux de vous faire-part de la naissance
De leur fils Olivier, le 10 mai 2008

参考译文

安德列·勒布瓦先生和夫人十分高兴地通知你们，他们的儿子奥列威于2008年5月10日出生了。

比较正式的通知一般写在明信片大小的卡片上，排版尽可能地活泼热烈一些。可以以父母的名义发通告，如下例：

Nous avons l'immense bonheur
De vous annoncer les premiers pas sur la terre
D'Olivier né le 10 mai 2008

André et Marie LEBOIS

参考译文

我们极为幸福地通知你们，奥列威的双脚已于2008年5月10日踏上了土地。

安德列·勒布瓦和玛丽·勒布瓦

也可以以新出生的孩子的哥哥姐姐的名义发通告，如下例：

Dominique et Isabelle LEBOIS
Ont la joie d'annoncer la naissance de leur petit frère
Olivier

Né le 10 mai 2008

参考译文

多米尼克·勒布瓦和伊莎贝尔·勒布瓦高兴地告知他们的小弟弟奥列威于2008年5月10日出世了。

带有自己鲜明特色的通告会给人留下强烈的印象。如一对中法跨国婚姻夫妇生下女儿后做的通告就很新颖：

Un peu de blanc
Comme Papa
Un peu de jaune
Comme Maman

Et l'œuf était prêt pour l'année du coq...

Avec ses 3 kg et ses 50 cm, Eloïse est arrivée le premier avril 2005.

Lie et Jean DUBOIS

参考译文

蛋清像爸爸，蛋黄像妈妈，鸡蛋在鸡年成形了……

艾洛伊丝在2005年4月1日出世了，她体重3公斤，身高50公分。

丽·杜布瓦和让·杜布瓦

接到朋友生了孩子的喜讯要回信祝贺。简单的贺词也可以写在夫妇的名片上，如下例：

Monsieur et Madame Robert ESPAGUET

Avec leurs très vives félicitations
Pour l'heureuse naissance et leurs vœux de bonheur
Au petit Olivier

参考译文

罗博尔·艾斯巴盖夫妇热烈祝贺奥列威的出生，衷心祝小奥列威幸福。

下面是一例写在贺卡上的祝贺词：

Monsieur et Madame Claude DURANT

Vous adressent leurs plus vives félicitations

A l'occasion de la naissance de votre fils Olivier

Pour lequel ils formulent leurs meilleurs vœux de Santé et de Bonheur

参考译文

克洛德·杜朗夫妇为你们的儿子奥列威的出生向你们致以最诚挚的祝贺，同时祝福奥列威健康幸福。

下面的例子是一封贺信：

Paris, le 25 mai 2008

Ma chère Annie,

C'est avec joie que j'apprends la bonne nouvelle. Notre coeur de maman connaît ce miraculeux élargissement devant un nouveau berceau, et le bonheur renouvelé de se donner tout entier sans rien retirer aux autres. J'imagine l'étonnement émerveillé des aînés.

A qui ressemble Olivier ? Vos forces sont-elles tout à fait revenues ? Dès que le docteur autorisera les visites, faites-le-moi savoir, je serais si heureuse de vous redire ma vive amitié et de pouvoir admirer votre trésor. J'adore les tout-petits et je me réjouis de pouponner, avec votre permission !

Très affectueusement à vous.

Madeleine

参考译文

我亲爱的安妮：

我高兴地获知这一喜讯。作为母亲看到新的摇篮，我们欣喜家庭的壮大，为能全身心照顾家庭成员感到幸福。我想象得出大孩子们的惊喜。

奥列威长得像谁？您的身体完全恢复过来了吗？大夫准许探视时赶紧告诉我，我将十分高兴地向您证明我们的友谊并欣赏您的宝贝。我特别喜欢婴儿。如果您允许的话我将特别快乐地拥抱他。

向你们致礼

玛德莱娜

接到朋友的祝贺尤其是礼物也要表示谢意。请看一简单例子：

Chers Michelle et Christophe,

Nous vous remercions pour tous vos adorables cadeaux à l'occasion de la naissance de notre fils Olivier. Il vous remercie de votre si gentille attention et vous embrasse tendrement.

André et Marie

参考译文

亲爱的米歇尔和克里斯托夫：

感谢你们在我们的儿子奥列威出生之际送来的精美礼物。我们的儿子也感谢你们的关心并热情地拥抱你们。

安德烈和玛丽

5.6 讣告

讣告用词范围很窄，格式也基本固定。需要注意的有以下几点：

1. 讣告用纸要考究，一般是白色单页纸或对折起来。讣文应用黑框框起来。如果是虔诚的天主教徒，讣文的正上方要有一个黑十字架。

2. 讣告是以逝者家属全体成员的名义发出的。名字排列顺序以家庭血缘关系的远近为依据。同一等级关系中，男性先于女性，已婚者先于未婚者。

3. 逝者家属成员的头衔不必一一列出，但逝者的身份、头衔要仔细列出。

4. 讣告中要告知逝者的去世日期、地点及年龄，起运遗体的时间、地点及下葬的时间、地点。

5. 逝者如是已婚妇女，除了写上她作为妻子的名字外，还要写上娘家姓。如：Madame Paul RIBOUT, née Jeanne-Marie DESCOM。

6. 逝者如是天主教徒，临终前做过临终圣事的要在讣告上写明：muni des sacrements de l'Eglise。

7. 讣告最后写上家庭通讯地址以方便亲朋好友进行联系分担痛苦。

8. 如果只想在小范围内举行悼念活动，在讣告最后注明"Les obsèques seront célébrées dans la plus stricte intimité."

下面是一例单身年轻逝者的讣告：

Madame et Monsieur MARTIN

Ses parents

Pascal et Marie

Son frère et sa sœur

Madame et Monsieur Thierry MARTIN

Ses grands-parents

Claudine et Sylvette

Ses nièces

L'ensemble de la famille, tous les proches et amis ont la profonde douleur de vous faire-part

De la perte d'un être cher en la personne de

Monsieur Paul MARTIN

Ingénieur, Officier de la Légion d'honneur

Survenue le 3 février 2006, à Paris, à l'âge de 35 ans. La levée du corp aura lieu le

(vendredi 10 février 2006, à 10 heures à l'hôpital François Labrousse)

La cérémonie religieuse aura lieu ce même jour à 10 heures 45 à l'Eglise Sainte-Marie

L'inhumation aura lieu au cimetière de Montmartre

12, rue Cujas 75005 Paris

参考译文

父母马尔丹夫妇，兄妹帕斯卡尔和玛丽，祖父母逖耶里·马尔丹夫妇，侄女克罗迪娜和西尔维特，全体家庭成员及朋友们沉痛地通知您，他们失去了荣誉勋章获得者，工程师保尔·马尔丹先生。逝者享年35岁，卒于2006年2月3日。2006年2月10日10点从佛朗索瓦-拉布鲁斯特医院起运遗体。10点45分在圣-玛丽教堂举行告别仪式，随后下葬在蒙马特公墓。

巴黎第五区古雅街12号

下面是一则已婚妇女的讣告：

Monsieur Didier LACOMBE
Son époux
Nicolas et Anne LACOMBE et leur fis Théo
Son fils, sa belle-fille et son petit-fils
Audrey et Grégoire SANTINI et leurs enfants Marcel et Mélanie
Sa fille, son gendre et ses petits-enfants
Pierre et Roselyne HOUILLER
Ses parents
François et Marie LACOMBE
Ses beaux-parents
L'ensemble de la famille, tous les proches et amis, ont la
Profonde douleur de vous faire-part du décès de
Madame Béatrice LACOMBE
Née HOUILLER
Survenu le 2 mars 2006, à Mulhouse, à l'âge de 48 ans

La levée du corp aura lieu le samedi 4 mars 2006, à 10 heures
A l'hôpital Saint-Jean à Mulhouse
La cérémonie religieuse aura lieu à l'Eglise Saint-Pierre à 10 heures 45
L'inhumation aura lieu au cimetière de Mulhouse

16 boulevard Pasteur Mulhouse

参考译文

配偶迪迪耶·拉恭伯先生，儿子尼古拉·拉恭伯，儿媳安娜·拉恭伯，孙子泰奥，女儿奥德莱·桑迪尼，女婿哥里高尔·桑迪尼，外孙马塞勒，外孙女梅拉尼，父母皮艾尔·乌耶和罗丝丽娜·乌耶，公婆佛朗索瓦·拉恭伯和玛丽.拉恭伯，家庭全体成员和好友极其悲痛地告知贝阿特丽丝·拉恭伯夫人，娘家姓乌耶，于2006年3月2日在米鲁滋去世，享年48岁。2006年3月4日星期六10点从圣-让医院起运遗体。10点45分在圣−皮埃尔教堂举行宗教告别仪式，随后下葬在米鲁滋公墓。

米鲁滋市巴斯德大街16号

接到讣告要尽快回应。比较简单的可以手写在自己的名片上，如下例：

Pierre MARLIER

prie Madame BRUN de bien vouloir agréer, avec ses respectueux hommages, ses bien vives et bien sincères condoléances.

参考译文

皮艾尔·马尔里耶恳请布汗夫人接受他最真挚的慰问。

当然最好还是以信的形式回复为好，哪怕只有寥寥数语。请看下例：

Paris, le 5 mai 2008

Cher Ami,

Très ému par la douloureuse nouvelle dont vous venez de me faire-part, je vous exprime toute ma sympathie deans la dure épreuve qui vous est imposée et vous prie d'agréer mes plus vives et plus sincères condoléances.

Michel

参考译文

接到噩耗甚为震惊，向处于极度痛苦中的家人表达我的问候。请接受我最真挚的慰问。

米歇尔

大文豪维克多·雨果在获知好友、著名诗人及政治活动家拉马丁的妻子去世时写了一封慰问信，全文如下：

Hauteville-House, 23 mai 1863

Cher Lamartine,

Un grand malheur vous frappe ; j'ai besoin de mettre mon cœur près du vôtre. Je vénérais celle que vous aimiez.

Votre grand esprit voit au-delà de l'horizon ; vous apercevez distinctement la vie future. Ce n'est pas à vous qu'il est besoin de dire : espérer. Vous êtes de ceux qui savent.

Elle est toujours votre compagne ; invisible, mais présente. Vous avez perdu la femme, mais non l'âme. Cher ami, vivons dans les morts.

V. H.

参考译文

亲爱的拉马丁：

巨大的厄运袭向您；我必须用心贴近您。我十分尊敬您所爱的人。

您的才智已超越了地平线；您清晰地看到了未来的生活。对您不需要说：希望。您是明智之士。

她并没有离开您；虽然看不到，但她的确在您身旁。您失去了妻子，但未丢掉灵魂。亲爱的朋友，让我们在死者中生存。

维克多·雨果

葬礼后一个星期左右，逝者家人要向参加葬礼的人、发来慰问信的人致谢。请看下例：

Paris, le 12 mai 2006

Cher Ami,

Je suis très sensible à la part que vous prenez à mon chagrin. Dans le désarroi où m'a plongé ce deuil si subit, il me semble que seule la pensée des amis qui me demeurent fidèles me donne la force de vivre et de penser à l'avenir.

Veuillez recevoir, cher ami, avec mes remerciments, l'expression de ma meilleure sympathie.

Pierre

参考译文

亲爱的朋友：

您分担了我的悲伤令我十分感动。这突如其来的丧事使我陷入慌乱之中。惟有我的忠实朋友们的关怀给了我生活下去的力量和向前看的思想。

亲爱的朋友，请接受我最真挚的谢意。

皮埃尔

来人来信太多无法一一回应时，可在报纸上发信向众人致谢。如下例：

Monsieur et Madame François Nardot et leur famille, très touchés des nombreux témoignages de sympathie qui leur ont été adressés lors du décès de Monsieur Maurice NARDOT, présentent ici, avec leur reconnaissance, leurs sincères remerciments.

参考译文

在毛里斯·那尔窦先生去世期间，许多人向佛朗索瓦·那尔窦夫妇及家人表示了同情和慰问。我们十分感动，在此向所有人表示最真挚的感谢。

5.7 贺信及感谢信

朋友在学业、事业上取得成绩应该予以祝贺。贺信没有固定格式，请看下面两个例子。

例1

Paris, le 23 juillet 2009

Cher Ami,

Ta nomination (也可以写Ta promotion) vient être portée à ma connaissance et je tiens à t'en féliciter très chaleureusement.

Ta grande expérience d'enseignement et tes réussites dans le domaine de linguistique ont été justement récompensées.

Je souhaite que l'ensemble de tes collaborateurs partagent avec toi cette grande satisfaction.

Il est certain que ton arrivée à la tête de la direction donnera une nouvelle ampleur à l'Institut et permettra d'envisager le futur avec optimisme.

J'espère avoir le plaisir de te retrouver prochainement pour te renouveler mes voeux de vive voix.

Bien amicalement à toi

Michel

参考译文

亲爱的朋友：

我刚刚得知你的任命（晋升）消息，热烈地祝贺你。

你在教育领域里的丰富经验及在语言学方面所取得的成绩得到了回报。

我祝你的所有同事能同你一起分享这份快乐。

我坚信以你为首的领导班子一定会使学院有新的发展，更加乐观地面对未来。

希望能够很快见到你，当面向你表示祝贺。

敬礼

米歇尔

基本相同的格式再看一封对学业有成的朋友的贺信。

例2

Paris, le 18 juin 2009

Cher Ami,

Je viens d'apprendre ta réussite au concours national et je tiens à te féliciter.

Ta persévérance dans les études a été justement récompensée. Je souhaite que ta famille et tes proches partagent avec toi cette joie.

Ce diplôme te permettra, j'en suis sûr, de continuer dans la voie que tu t'es fixée.

J'espère te rencontrer prochainement pour fêter avec toi cet événement avec un grand plaisir.

Amicalement

Michel

参考译文

亲爱的朋友：

刚刚得知你通过了国家会考，祝贺你。

你在学习中坚持不懈的努力得到了回报。祝愿你的家人及朋友能够共享你的欢乐。

坚信你取得的文凭会使你在既定的道路上走得更远。

希望很快见到你与你分享快乐。

米歇尔

朋友为你做了好事，如想表示感谢，下面有两个例子。

例 1

Paris, le 11 mai 2009

Cher Serge,

Ton amitié m'a aidé à traverser ce pénible passage. Je te suis reconnaissant de toutes tes attentions. Après aimer et aider, remercier est certainement le troisième plus beau verbe dans toutes les langues.

Merci de ton soutien.

Anne

参考译文

亲爱的塞尔日：

你的友情帮我度过了困难时刻，感谢你对我的关心。在“爱”和“帮助”之后，第三个最美的动词就是“感谢”，在所有的语言里都是如此。

感谢你的支持。

安娜

例2

Paris, le 19 avril 2009

Cher Ami,

Je me demande parfois comment te rendre le trésor de sollicitude que tu as manifesté à mon endroit ces derniers temps. Toutes ces petites ou grandes attentions qui m'ont facilité la vie et l'ont agrémentée. Tu as toujours été présent quand j'ai eu besoin de toi, et c'est bien pour cela que tu mérites, aujourd 'hui, un bouquet de remerciment.

Sincères remerciements.

Anne

参考译文

亲爱的朋友：

最近一个时期你对我的关怀使我不知如何报答你。你给我的大大小小的关照使我的生活变得愉悦简单。当我需要的时候你总是适时地出现在我身边。因此今天你值得拥有我无尽的谢意。

诚挚地感谢

安娜

有时给朋友写信只是为了表示友情，如下例：

Paris, le 6 avril 2009

Chère Marie,

Quelle que soit la distance qui nous sépare, nous demeurons proches par la pensée, et c'est d'abord cela qui compte.

Tu es toujours là pour moi, toujours une oreille attentive quand j'en ai besoin, toujours de
bonne humeur.

Et je veux que tu saches, que je serai toujours là pour toi, peu importe le jour, l'heure, l'instant... Je tiens à toi. Tu es un rayon de soleil dans ma vie.

Pensées amicales

Annie

参考译文

亲爱的玛丽：

不管咱们之间的距离有多远，彼此的挂念把我们拉得很近，这是最重要的。

当我需要的时候，你总是笑容满面地出现在我眼前，总是竖起耳朵关心着我的一切。

我想让你知道的是，我也时刻准备着为你服务。不管什么日子、什么时刻，我都能召之即来。你是我生命中的太阳。

深深地挂念

安妮

附录

常用语

一般信件：

Cela m'a fait très plaisir...

J'aurais vraiment plaisir à...

J'espère de tout coeur que...

J'espère que tes affaires personnelles vont bien...

Je veux croire que...

Je te souhaite...

Nous avons été très heureux de pouvoir...

Je te remercie beaucoup pour...

Penses-tu qu'il nous sera possible de nous voir...

Je t'écrirai plus longuement la prochaine fois.

生日贺词：

Pour ton anniversaire, je te souhaite...

Joyeux anniversaire.

Que ton jour de fête soit gai et heureux comme...

Comme je voudrais être près de vous et vous embrasser tendrement.

圣诞新年贺卡：

Joyeux Noël et Bonne Année (2010)

Nous t'adressons nos meilleurs vœux pour...

Que la nouvelle année soit promesse de succès dans...

Que cette année nouvelle exauce tous tes vœux !

Je te souhaite de tout mon coeur le bonheur et la santé.

Nous souhaitons que cette année nouvelle vous apporte joie,

bonheur, santé et réussite.

Nous vous remercions de vos bons vœux.

结婚通告:

Monsieur et Madame XX sont heureux de vous faire part du mariage de...

Monsieur et Madame XX ont l'honneur de vous faire-part du mariage de XXX.

Ils vous prient d'assister à...

Ils vous invitent à..

孩子出世通告:

Monsieur et Madame XX sont heureux de vous faire-part de la naissance de XXX.

Monsieur et Madame XX ont le bonheur de vous annoncer la naissance de XXX.

Monsieur et Madame XX ont la joie d'annoncer la naissance de XXX.

Nous avons l'immense bonheur de vous annoncer les premiers pas sur la terre de XX né le...

讣告:

(L'ensemble de la famille, tous les proches et amis) ont la profonde douleur de vous faire-part de la perte de...

Monsieur et Madame X ont la profonde douleur de vous faire-part du décès de...

La levée du corp aura lieu le... à...

La cérémonie religieuse aura lieu le... à...

L'inhumation aura lieu le... à...

祝贺：

Ta nomination (Ta promotion ou Ta réussite) vient être portée à ma connaissance et je tiens à t'en féliciter chaleureusement.

Je viens d'apprendre ta réussite (ta nomination ou ta promotion) et je tiens à te féliciter.

Je souhaite que l'ensemble de tes collaborateurs partagent avec toi cette grande réussite.

Je vais te renouveler mes voeux de vive voix.

J'espère te rencontrer prochainement pour fêter avec toi cet événement avec un grand plaisir.

后 记

本书成稿于2007年初，今天才与大家见面。在目前电子邮件较为普遍使用的情况下，书中个别应用文范例可能需要做些调整，但由于本次校对时间较为仓促，无法完成这一愿望，故恳请读者原谅。

编者

2010年8月